リベラルアーツコトバ双書 3

中国のことばの森の中で

～武漢・上海・東京で考えた社会言語学～

河崎 みゆき

はじめに

本書は2022年10月から12月にかけてリベラルアーツ検定のウェブサイトで連載した内容を新書用に加筆・修正したものです。タイトルを『中国のことばの森の中で―武漢・上海・東京で考えた社会言語学』としたのは、2005年に中国の武漢の大学で教え始めてから博士の学位を取って2013年に上海の大学に移り、2017年に帰国し、2023年の現在に至るまでの期間、観察・研究したこと、また現在、大学院で講義している内容や最近の言語現象に関連して考えたことも含んでいるからです。

本書は、中国語がわからない方にも楽しく読んでいただき、読み終わる頃には社会言語学の概念や用語を、それからことばと社会がいかに関係しているかを理解してもらえるように、関連するエピソードや紹介する研究なども選んで構成しています。つまり、「中国社会言語学」の簡単な入門書となるように工夫し執筆しています。それは、中国社会言語学に関する本が、1990年代の中国の社会言語学者陳原先生の著書の翻訳以来、日本で出版されていないからです。ですから、日本の社会言語学の専門家や中国語の専門家にとっても参考にしていただける新しい情報も詰めこんだつもりです。

本来、中国語の発音は、日本のカタカナでは表せないものが多く「ピンイン」と呼ばれるローマ字で表記しますが、一般の方も抵抗なく読み進めていただくため、最初はカタカナを多用することで、文意の理解を優先させ、次第にピンインを増やしていくといった工夫をしました。武漢語など中国語の方言の多くは、標準的なピンインでは書きあらわせないということもあります。また、ピンインは「ローマ字読み」でほぼ読めるものと、そうでないものがあります。そのため中国語の専門家からみるとルビの形式が統一されていないと思われるかもしれませんがこうした配慮の一環であることをあらかじめご了承ください。また、読むのに邪魔にならないよう参考文献も注の形にし、巻末に挙げました。もっと深く知りたい方は参考文献にあたっていただけたらと思います。中国語の論文名には（　）で訳もほどこし、どのような論文なのかがわかるようにしてあります。

本書は、最初にも書いたように武漢、上海、東京と経て観察・研究してきたこと、2020 年から 3 年のコロナ禍の言語サービスや、昨年 2022 年の中国のオンラインでのシンポジウム・新語の問題に至るまで、社会言語学の扱うテーマに即してまとめてみました。もちろん、この新書ですべてを網羅することは不可能ですが、以下のような構成になっています。

第 1 章では、武漢の街や武漢語について取り上げました（方言の例）。第 2 章では、街で見える文字や聞こえる音（言語景観・音声景観）、第 3 章では中国語に男女ことばの違いがあるか（ことばの性差）、第 4 章では幼児語〜老人語（ことばの年齢差）、第 5 章ではことばと人物像の関係（役割語)、第６章では、ことばとことばが出会って起きる変化とその状況（言語接触)、第７章では、挨拶や感謝の仕方の違いなど（言語・非言語行動)、第８章では広告を中心に生活の中にあることばの問題（言語生活)、第９章ではコロナ禍の武漢で言語の問題を解決するために開発されたコミュニケーションツールや、「やさしい中国語」の開発、言語保護のための言語博物館の紹介（言語サービス・言語保護)、第10章では、日本と中国の命名の問題（名前・中国の夫婦別姓)、第11章では日本と中国の新語（言語変化・語彙交流)、第12章では中国社会言語学のすすめ（学派・用語の問題等）を取り上げました。

社会とことばの間にある問題を身近に感じてもらえると幸いです。

筆者は「言葉」より「ことば」という書き方が好きですが、引用した本によっても「言葉」であったり「老人語」のように「語」であったりすることがあります。それは同じ「ことば」の問題であるとお考え下さい。

2005年、武漢に降り立ち、地図でしかなかった中国が目の前に一つひとつ現れ立体化していきました。大学の森の中や、中国の街の看板や張り紙、学生たちや市場など町の人たち。街の音・人の声に耳を傾け、目を見張り、考えてきました。人といえば、今を生きている人たち、遠い時代に生きた人たちにも思いを馳せました…。

中国のことばの森の中のこと、日本語との違いなどをお話することで、日本人と中国人、人と人との理解が少しでも進んで、幸せが訪れることを願っています。

目　次

第1章 中国のことばの森の中で —武漢の街や武漢語

「中国のことばの森の中で」というタイトルは、中国の社会言語学の父・陳原先生[1]が1991年に書かれた『在語詞的密林里（ことばの森のなかで）』という言語学エッセイ集からとったものです。原文は「密林」ですから、「ことばのジャングル」なのかもしれません。1992年に日本語に翻訳されています[2]。

社会言語学（Sociolinguistics）というのは1960年代アメリカで盛んになり、中国では80年代から注目され始めました。

私は、2005年2月から8年半、いまやコロナで、世界中で有名になってしまった湖北省「武漢」市の大学・華中科技大学で日本語を教えながら、その中国語文学学科で応用言語学博士の学位を取りました。仕事を第一に、次に自分も多
を学んで帰ることを目指しました。そうした生活だったた
計に、日本語はこうだけれど、中国語は？とか、日本で
なのにといった違いに目が行ったのかもしれません。
位取得後は、上海交通大学に移り、4年ほど教鞭を
年の夏に帰国しました。現在は東京の國學院大
日中対照言語研究（簡単に言うと、日本語と
うに同じでどのように違うか）ということ
社会言語学ということを、主に日本語教師
学、文学専攻などの）院生たちに教え

海でもない、ディープな武漢。これを読んでくださる方の中には、「あの武漢に８年半？」と興味を持ってくださる方もいるかもしれませんね。

武漢は長江（揚子江）が街の真ん中を流れ、人も物も行き来する波止場文化の活力を感じる街です。川も湖も多く、まるでたくさんの水たまりの上に浮かんでいるような街で蓮根がたくさん取れます。詩に有名な黄鶴楼があり辛亥革命発祥の地の武昌・商業の中心地の漢口・自動車工場などのある漢陽は武漢三鎮と呼ばれ、それぞれの表情も違いました。方言ももともとは違ったと言われています。「中国三大かまど」の一つと言われるくらい夏は暑く、朝から 37 度に達していることもあり、でもその朝っぱらからなぜか活気がみなぎっていました（朝の涼しいうち？に働いて、昼下がりは木の下でお腹を出して昼寝の人も）。

人口約 1100 万人に対し、日本人は 350 人程度（当時）で、日本の食品を手に入れることも難しく、地下鉄もなく（2013 年に開通・現在は 11 路線）、行き先を示す掲示板がないバスもあって、日本人にとっては「生活の難易度」がとんでもなく高い場所でした（そこがまた冒険心をかき立てられたのですが）。地下鉄工事であちらこちらが掘り返され、埃はモウモウとたち、セメントとタールの匂いの中、どこへ行くにも大渋滞で時間がかかりました。ですから、よくタクシーの運転手さんと世間話をし、何度か「またあんたを乗せたいよ」と言われました。

私は武漢では主に、中国語の「役割語」（第５章）ということを研究していました[3)]。簡単に言えば、中国語にも日本語のように男女ことばはあるのだろうか、子供ことばや、オネエことば、商人、田舎、官僚ことばなど、人物（キャラクター）に結びついたことばが中国語にもあるのだろうかということでした。（これは社会言語学で言う、「社会方言」にも通じています。）

武漢語

私が行ったばかりの頃は、「武漢？　それはどこ？」と言われましたが、コロナのおかげ（せい）で知らない人がいない街になってしまいました。3500年の歴史があり、上海ほど大規模ではありませんが、実は武漢にも外国人たちが住んだ租界があり百年前は「東洋のシカゴ」とも呼ばれ、フランス租界、アメリカ租界、イギリス租界、ドイツ租界が長江岸に並び、茶葉の集積地・交易地だったそうです。上海から今は飛行機で1時間半程度ですが、1980年代でも船で長江を遡上するには3日以上かかったそうです。百年前、遠く故郷を離れ内陸までやってきた外国人たちはどのようなことばで中国人（武漢人）たちと話をしていたのでしょうか。武漢の街にもアレキサンダー（亜歴山大）通りとか、大和街（現・勝利街）や山崎街[4]というような外国語や日本語の地名もあったようです。勝利街には歌手のさだまさしさんのお母様をはじめ日本人も住んでいました。

武漢語（武漢方言）の中に「拐子《クワイズ》」ということばがあって、「親分、兄貴」といった意味です。英語の「guys（ナイスガイのガイ。男たち、連中）」のようだと、調べたら、楊・黄（2007）の[5]研究に、「拐子《クワイズ》は、武漢の波止場文化から生まれたことばで、20世紀初頭に漢口租界に住む英米人が、交易相手の中国人商人をこう呼んでいて、武漢語に浸透していったのだろう」という説が書かれています。これは第6章でお話しする予定の「言語接触」の一例です。

地域で話されることばを社会言語学では「地域方言」といいいわゆる「方言」のことですが、次は武漢語のことを少しばかりお話したいと思います。新中国成立以前は武漢三鎮といわれる地域によっても違っていたようですが、最初に武漢語を意識したのは、大学の正門からタクシーに乗った時です。大学内は全国から学生が集まるため、「普通話《プートンホア》（中国語の標準語）を話そう」という標識も貼られていてなまりはあっても「普通話」です。そのために学生寮では方言がだいたい同じ地方の学生が6人部屋に入ります。

大学から、漢口側に行くためには、1957年にできた「長江大橋」を渡らなくてはなりませんでした。道がすいていれば40−50分、渋滞すれば1時間半以上かかることもありました。華中科技大学で教え始めて間もない頃、大学の正門でタクシーに乗り込んだのに、乗車拒否をされたことがありました。運転手が「単号《タンハオ》（奇数）」だの「双号《シュアンハオ》（偶数）」だのと言っているのはなんとなくわかるのですが、奇数や偶数がどう乗車拒否と関係するのかさっぱりわかりませんでした。

後で聞くと、武漢には渋滞を減らすために、奇数日は奇数、偶数日は偶数のナンバープレートの車しか橋を渡れないという規制があったのです。それからは、漢口に行く時は毎度、トランプをめくるように、「また偶数だ（奇数だ）…」

と争奪戦を繰り広げることになりました。

武漢語は中国の七大方言区分（最近は十大区分説も）の中の北方方言の一つ「西南官話」に属すため、上海語のような「呉語」に比べると発音は普通話《プートンホア》（そのもとになった北京語も北方方言の一つなので）にやや近いです。呉語や閩語となると中国人同士でもわかりません。

武漢語と普通話の違いを少しだけ紹介すると、たとえば普通話には、ピンイン表示でそり舌音 zh/ch/sh/r という日本人にとって難しい発音があります。武漢ではこれを、z/c/s の音で発音するので日本人が発音するとして、そり舌ではないこちらの方が多少楽です。だから、市場で 10 元「shíkuàiqián《シークアイチエン》」を「siguaiqian《スーグアイチエン》」のように発音するので、10《シー》なのか 4《スー》なのかしばしば迷いました。また n 音と l 音の区別がないため、武漢や湖北省出身の学生は日本語を学び始めた時、「なにぬねの」と「らりるれろ」の区別ができません。そんなこともあり、武漢語で、完了を示す助詞「了」（普通話では「le《ラ》」または「liǎo《リャオ》」）を、武漢語では「niǎo《ニャオ》」と発音するので、「了」の代わりに「鸟（鳥）niǎo《ニャオ》」という漢字を当てて書いてあることがあります。また、前鼻音「n」と後鼻音「ng」の区別をしないため、陳（Chén）さんも程（Chéng）さんも「Chen」さんになります。

とはいえ、私は、武漢語は聞いて多少はわかりますが、ほとんど話せませんので、せめて普通話をきちんと話すために山羊（shānyáng）の発音を何度も練習しました。山（shān）は日本人の苦手なそり舌音で始まり次に前鼻音「n」、次の羊（yáng）は後鼻音「ng」で終わるので、日本人の耳には「シャンヤン」のように聞こえますが、最初のン「n」と後ろのン「ng」は違う音です。「山羊《shānyáng》、山羊、山羊…（ヤギヤギヤギ）」と何度も練習しました。上野動物園から中国に帰国したパンダの「シャンシャン」の「ン」は「ng」の「香香 Xiāngxiāng」ですから、実はカタカナの「シャンシャン」とはかなり違う音で、中国の報道官が聞き違えるということが起こりました。ここでは便宜上、カタカナで表示していますが、このように日本語にはない発音がたくさんある中国語は本来カタカナでは表示できません。

方言を表す漢字

武漢語に話を戻すと、語気助詞の「撒／唦《サ》」や「咧《レ》」も特徴的です。私は、日本と中国の往復のチケットを、格安チケットで買っていましたが、わざわざ出向かずにチケットオフィスの知り合いと SNS でやりとりし、大学で清算してもらっていました。ある日、チケットオフィスの人が普通話《プートンホア》では使用しない「撒《サ》」や「咧《レ》」などを使用して書いていることに気が付きました。これら語気助詞には多くの働きがあるため、しょっちゅう使用してきます。そこで、「もしかして武漢語を使っているのですか？」と聞くと「あはは、よくわかりましたね！」と返ってきました。SNS でも方言を使うとは、面白い発見でしたが、問題は方言を使用して勧めてくれる内容が、よくとんちんかんで無理な難題だったこと。たとえば、「那你明天走行不行撒《サ》（じゃ、明日出発すればいいんじゃない）」のように。（そんなに突然帰国できない）。文法的にも「行不行」と反復疑問文の多用は武漢語の特徴の一つです[6)]。とはいえそれが武漢人的「親切心」なのだと思います。この親切心については、言語行動の章（第７章）でも紹介できればと思います。

撒《サ》は本来「撒く・手放す」という意味ですからここでは音だけ借りています。先ほどの「鸟（鳥）niǎo」も鳥の意味ではありません。方言の発音は複雑ですから、そのすべてを普通話の漢字音で代用し書き表すことができるわけではありません。

武漢で目にした方言漢字では、「冇《マオ》」があります。普通話で「ない・ありません」を「没有《メイヨウ》」と言いますが、武漢語では「冒得《マオドゥ》」とか「冇得《マオドゥ》」と書きます。「冇」は「有」の漢字の横棒二つがないので、つまり「ない」という意味になるわけです。この漢字自体は広東語などでも使用されていて武漢語特有ではありませんが、普通話で使う漢字ではありません。

上海で考えたこと、東京で考えていること

武漢の森を出て、「大都会上海」に移ってからは主に、100年前の上海で日本人と中国人はどんなことばで話をしていたのだろうということ（上海ピジン・第６章で説明）などが研究テーマになりました。実はこれも中国語の「役割語」と関係があるのですが。今度は上海という街を舞台に、戦前・戦中日本人が住んだ場所を歩きまわりました。

上海図書館の別館「蔵書楼」には戦後、日本人を含め、列強の外国人が逃げるように帰国した時に残して行った本が日本語のものだけでも８万冊以上残っています。コピーは３

分の１しかできないので、大学の授業を終えてから、「蔵書楼」や、制服を着た人がにらみを利かせている「上海市公文書館（上海市档案馆）」に通いました。

本書では、中国で学んだことや観察したこと、現在日本の大学の大学院で教えていることや、新たに調べたり考えたりしたことを書いていきます。これまでの日中対照言語研究といえば、語彙、音声、文法といったことばの内部の問題が主でした。それも基礎的な知識として知っておく必要はありますし、解明すべき問題もまだまだたくさんあります。ただ、社会言語学はそうしたことばの内部の問題よりも、「ことば」と「社会」が関係していること、「ことば」が「社会」と共に変化することに注目します。それは時間の流れ（通時）ももちろんですが、同じ時代において（共時）地域の広がりの中や、年齢や性別、場面の違いでも変わるからです。その特徴はさまざまな学問分野からの成果（知恵）を結集する（学際的）ということにあります。社会の変化の影響は、語彙、音声や、文法に影響を与えるため、内部の問題に関係がないわけではもちろんありません。毎年生まれる新語や若者ことばなどには、たとえば「楽しみ」「重み」などのようにこれまで「み」を足して名詞化できるのは形容詞だけでしたが、最近の若者ことばでは「わかりみが深い」は「わかる」という動詞に「み」がついて、名詞化されています。こうした若者ことばや新語のすべてが定着し受け継がれていくとは思えませんが、いくらかは残って、日本語の文法にも変化を起こすでしょう。そんな今後の変化に関わる新語や流行語が中国語にもあるのでしょうか…。「日本語にある現象が中国語にもあるのか？」そんなことを考えながら双方のことばを見ていると、社会の違いや、それぞれの捉えかたの違いなどが見えてきます。

真田（2006）[7] では、社会言語学が取り上げてきた事象として、（1）言語変種、（2）言語行動、（3）言語生活、（4）言語接触、（5）言語変化、（6）言語意識、（7）言語計画（言語政策）などが挙げられています。本書は、背景として社会言語学が取り扱ってきた視点にもとづいています。それは、私が武漢・上海・東京で見たり考えたりしたことでもありますし、その多くは、1980 年代の陳原先生の本や、それ以降の中国の社会言語学の本でも基本的に扱われているテーマです。もちろん研究は深化・細分化され、中国独自に注目されている分野や新しい課題も多くあります。たとえば、中国の政策「一帯一路」と結びついた言語研究や、コロナなど緊急事態にどのような言語サービスが必要かといった問題などなど、社会とことばの問題は多岐にわたります。とはいえ、ほとんどは、上記の分類のいずれかに入れることができるでしょう。そこに入っていないもので、中国でも今、盛んに研究されているものとしては、「言語景観」ということが挙げられます。

「言語景観」というのは、町の中で、どんなふうに書かれた文字にでくわすか、そこからどんな背景が読み解けるかを考えます。たとえば、コロナ禍の下の日本では、残念なことに「閉店」という張り紙をあちこちで見かけました。2023 年春、日本や世界では元の生活に戻ろうとしています。そういう街では、どのようなことが書かれ、それはどんな文字で書かれているでしょうか。そんなことと関係しています。

次章では、私が武漢の街でみた言語景観の「あれれ？」から説き起こしていきたいと思っています。

第2章 「倉橋家の謎」—言語景観ということ

「倉橋家」—これをなんと読むでしょうか。「くらはしけ、くらはしや」?

姓+「家」の「家」は、通常「け」または「や」の二通りの読み方が考えられます。牛丼の「吉野家」や「すき家」は「や」。つまり、お店の場合は「や」と読み、もし「吉野家」を「よしのけ」と読むならば、吉野の一族ということになり、お店としては入りにくいでしょう。「一家」は「いっか」と読むので日本語はややこしいものです。

武漢の華中科技大学の近くに超大型ショッピングセンターができ、そこには和食屋さんもできました。それまで和食を食べに行くのに、バスやタクシーに乗って30分から1時間かけて四つ星・五つ星ホテルなどへ行くしかなかった苦労を思うと大変便利になりました。店の名前が「倉橋家」。中国語では「仓桥家《ツァンチャオチャー》 Cāng qiáo jiā」ですが、「家」の音は「jiā《チャー》」で、「け」や「や」のような区別はなく「倉橋家《ツァンチャオチャー》」です。私はお店なのだから当然「くらはしや」だと思っていました。ところが、行ってみて店名の横に書かれていたローマ字は「Kurahashike」でびっくり(図1)。「くらはしけ」?

「くらはしけ」では、日本人にとっては、倉橋さん宅ででもごちそうになるようで敷居が高いというか、落ち着きません。このことから見ると経営者はまず日本人ではないでしょ

図１

う。

これは、小さな観察例に過ぎませんが、町の店名看板や案内表示などの観察を通して、書かれた文字など可視化された情報から言語使用の状況や、そのメカニズム、背景を探る研究を「言語景観」[1)] 研究といいます。日本でも多くの論文が書かれ、日本語教育にも生かそうという試みも行われています[2)]。

「言語景観」は社会言語学の中でも、比較的新しい研究テーマですが、最近では中国でも盛んに研究され、ここ２年の中国の国際都市言語学会でもメインテーマの一つでした。中国の学術文献オンラインサービス「中国知網（CNKI：China National knowledge Infrastructure)」[3)] で「言語景観（语言景观)」で検索すると、主要都市の言語景観研究が出ていて人気の研究テーマであることがわかります。

それは、店の看板などの民間表示、交通案内や掲示板などの公共表示から、その表記の種類や、その土地の特徴、ことばの乱れもわかって、国の言語政策（言語計画）・標準化にも役立つからです。実は第 1 章で紹介した中国の社会言語学の父・陳原先生も「言語景観」という用語は使用されていないものの、簡体字と繁体字の交じり合った北京の町を表記の乱れや、新しく生まれてくることば（新語）に目を向けながら歩いています[4)]。上記のように日本語教育にも利用できるので、私も大学院の授業では、2 コマかけて院生たちにも実際に調べてきてもらいます。何気なく目に入ってくる言語景観に、実は見えている以上の情報が詰まっているのです。

そのため、旅行中でも街中の「言語景観」の観察をすると、街歩きをする時にも観光バスの車窓からでもその土地の特徴や時代を象徴するものを見つけることができます。もちろん旅の思い出を豊かにもしてくれます。

次の写真（図 2、3）は、2018 年 7 月に吉林大学で開かれた中国社会言語学国際シンポジウムで長春を訪れた時に撮ったものですが、ここから何が考えられるでしょうか。

（1）バーやクラブの名前であること、（2）ゴシック体で書かれていること。すくなくともこの二つがわかります。（3）日本語であることからは呼び込もうとする対象に日本人客が想定されていること、（4）おそらく経営者は日本人ではない、ということがわかるのではないでしょうか。これは、日本人であれば、たとえば「クラブ・クロネコ」の字体

り、都市部では市《いち》だけでなく、個人商店も現れて、お客の目を引くために実物の表示や幌、あるいは店に名前もつけられるようになったそうです。有名な宋の張択端『清明上河図』という画巻の中にも店の様子や店名が書かれています。(2012年、東京国立博物館で展示されたのをご覧になった方もあるでしょう。)昔は中国の店名の多くは、「劉家功夫針舗」「李記小酒店」「蔡記餛飩舗」のように劉や蔡などの「苗字＋業種」というような店名でした。現在では店名も多様化し、中国語の名前だけでなく、洋風なものも増えて来ています。銭・王の蘇州の441の商店名称の分析によれば、4音節が最も多く33.79%(「姑蘇金店」「大洋百貨」「時代眼鏡」「北疆飯店」など)で「名称＋業種」を表したもの、次に3音節の店名たとえば、「好利来」「石頭記」「三万昌」「得月楼」などで24.49%。名前が長くなれば地名などが付加される(「逸味**台湾**涮涮鍋(逸品台湾しゃぶしゃぶ)」など)そうです。蘇州・上海・南京の比較では音節数はほぼ同じで3、4音節が多く、上海独自の特徴は英語名や音訳名(例. 克莉丝汀《クリスティン》餅屋／餅の店ではなくパンやケーキのお店です)のものや、また1、2音節のものが比較的多いことなどがあげられています。一方、蘇州には老舗や復古調の店名も多いということです。

この本には、中国商店名の伝統として「幸運、吉祥、繁盛、繁栄」を願う民族の心理が反映されており、清朝に商店名に使用する吉字(おめでたい字)の歌が流行したと紹介されています。メロディ♪はわかりませんが

「順裕興隆瑞永昌、元享万利復豊祥。泰和茂盛同乾徳、廉

図５

吉公仁協鼎光。聚益中通全信義、久恒大美慶安康。新春正合生成広、潤発洪源厚福長♪」

という歌詞だったそうです。これらの漢字の意味は、数量が多い「万、広、豊」、規模が大きい「元、泰、洪」、事業がスムーズ「享、和、協」、商売繁盛「隆、昌、茂」、継続「長、恒、永」、万事如意「瑞、祥、福」、公平信用「信、義、仁」などであると分析されています。今でも、中国の町にはこれらの漢字を使った店名が必ずといっていいほどあります。上海有数の観光地である南京路に行くと、瑞、祥、福、昌、永、享…という漢字が目に入ってきます（図 5)。

ですから、中国に行った際は、こういった漢字を見つけて店主の願いを想像し、あるいは、アルファベッドが英語の名前なのかピンインなのか、どのような構造になっているか、どのような意味を持っているのかを考えながら街歩きすると、退屈しないこと請け合いです。言語景観に清朝に歌われた漢字はどのくらい見つかるでしょうか。

東京の街で中国語を探す

さて、中国の街では、たまに見かける「日本語」に注目していましたが、日本に戻ってからは、日本の中の中国語に注目しています。その 1 例として、最近、論文にまとめたのが「ニューチャイナタウン」としてメディアでも取り上げられた江戸川区平井の言語景観です[8)]。簡単に紹介すると、平井のことを 2018 年の 4 月にテレビニュースで知り、同年 8 月に調査に行きました。ところが拍子抜けするほど、「目で見える中国語の景観」が少なく、これがなぜメディアで取り上げられたのか不思議なほどでした。そこで、駅前の中華料理店に入って食事をしながら中国人店長に話を聞きました。すると、インターネットの時代、店の看板もネット上にあり、町の風景からは「見えない」ものも多くなっているということがわかりました。コロナなどのために第二次調査になかなか行けず、2022 年 5 月に再調査に行きました。2018 年のニュースで「中国語のあふれる町」と称されたことが、実は、可視化された文字情報ではなく、道行く中国人の人たちが話す中国語が「聞こえてくる」サウンドスケープ（音声景観）の町だったことがわかりました。江戸川区は中国人住民数が東京都で１～２位で、平井には４校の日本語学校があり、また高齢化した中国帰国者たちなどを対象にしたデイケアセンターもできています。

インターネットであらゆることがコミュニケーションされる時代において、表層的な言語景観は表看板に過ぎず、後ろに多くの「見えない看板」があること、平井のようなサウンドスケープの割合が勝る町もあるので、聞こえてくる音にも特徴があり耳を傾けるべきです。

その後、新橋、銀座、渋谷のサウンドスケープについて調査し、2022 年の８月、中国の学会（国际城市语言学会 International Association of Urban Language Studies・ULS）で、地域性や時代性もあるということを報告しました。コロナ禍でほんの少しの事例しか採取できませんでしたが、言語景観の定義を少し広げて耳を傾けてみると、よりいっそうその場所の特徴が理解できます。

それでは、次章では、中国の女性ことばをめぐってまとめようと思います。

第3章 中国宮廷ドラマ見ていますか ―中国語の男女ことば

中国語にも、男女のことばの違いはあるのでしょうか。中国語の「役割語（人物像に結びつくことば）」（第５章）を研究しようと思った時、注目したことの一つが「男女ことば」（ことばの性差）です。日本語では、「**俺**は男**だよ**」とか「**あたくし**がお話しま**すわ**、**おほほほ**」のように（今ではアニメぐらいにしか出てきませんが）、「ぼく」や「俺」や「私」「あたくし」といった自称詞や、「だ」といった助動詞、「わ」のような終助詞、ほかにも「おほほほ」のような笑い声のオノマトペにも男女をイメージさせるものが多くあります。現実には「わ」「のよ」などの女性文末詞と言われるものは 90 年代の終わりごろから使用がぐっと減り男女のことばは接近していると言われていますが、アニメやドラマなどの創作物ではいまだによく使用されます。

さて現代中国語ですが、結論から言いますと、日本語ほど誰でもが知っているような男女ことばの差はありません。それでも、観察を重ねると見えてくるものはあり、研究もそれなりにあります。

「現代中国語では」と書いたのは、宮廷ドラマなどの時代劇をみると男女や階層によって違ったことばがあったことがわかります。私自身は現代を描いたドラマの方が好きなのですが、中国の宮廷ドラマ[1)] が最近日本の女性たちに人気ということで、友人の中にも何人かハマっている人がいます。

友人たちの話では、その細やかな愛憎物語の展開や、煌びやかな衣装や髪型、髪飾りなどに魅了されるのだそうです。なるほど。私ならつい、ことば（男女の違いや敬語）やしぐさ（非言語行動）に注目しメモをとり、見終わらなくなります。

そんな宮廷ドラマでは、皇帝のお妃が皇帝に対して「臣妾《チェンチー》（わらわ）」、家臣などの目下に対しては自分のことを「本宮《ベンコン》」と言い、また皇帝が亡くなると、自分のことを「哀家《アイチャー》」と名乗ります。侍女たちは自分を「奴婢《ヌゥビ》」と言い、皇帝の自称詞は「朕《チェン》」です。こうしてみると、現代の普通話《プートンホア》（標準語）では自称詞は基本的に男女の区別なく「我《ウォ》」ですが、古代には豊富な自称詞（人称詞）があったことがわかります。

筆者の中国語の古い手紙の書き方の本に関する研究[2]では、手紙の中にも相手の呼び方（呼称）や用語に男女差があったことがわかりました。

また、武漢で半年ほど京劇の「身段《シェンドアン》（身振り）」を習いましたが、そこでは、歩き方、皇帝への挨拶、母親への挨拶の違いがあることを教わりました。時代劇を見て覚えた「小女子《シャオニーツ》（わたくしめは）告退《ガオトイ》（失礼申し上げまする）」を中国人の友人と別れる時にしぐさもつけて言うと面白がってくれます。このしぐさ（非言語行動）は右腰のあたりで両手を揃えて腰をかがめるというものです。こうしてみると、中国語にも謙譲的なことばやしぐさがある（あった）ということがわかります。

女性らしいしぐさとしては、河崎（2013、2017）[3]ではオネエ役が、京劇の蘭花指（観音様のような優美な指の

ことになります。

また男性は汚い罵りことばを使うと言われますが、筆者の2011年の調査[7]では、若い女性もかなり汚いことばも使っていることがわかりました。罵りことばも甘えた口調でいえば可愛くもなり、どんな口調で言うかによって印象が違うわけです。

また、程度を表す副詞では、女性は口語的な「挺《ティン》（とっても）」類、程度の高い「非常《フェイチャン》（ひじょうに）」類を使用し、男性は「好《ハオ》、老《ラオ》、特《トォ》、蛮《マン》」などの方言的色彩の強い程度副詞の使用が多いと言われています。また女性は「非常好《フェイチャンハオ》、非常《フェイチャン》好《ハオ》（とってもいい、とってもいい）」などの「繰り返し」の強調的な言い方を好むこともわかっています。

口癖の面では、上海の女性は上海語で「そうでしょう？」の意味の「对伐《ドィバ》」など同意を求める表現をよく使うと言われていますが[8]、確かに上海出身の女性作家の友人もよくこれを使います。普通話の中ではほとんど見つからない男女差も、方言の中では集められそうです。

そのほか、河崎（2013）の調査では、若い女性が強調した言い方、たとえば「暑くて死にそう（热死了《ルースラ》）」といった「形容詞＋X了」を多用することがわかりました。日本語でも「鬼暑い」などとJK（女子高校生）が言っていたのにちょっと似ています。

もとはと言えば、身の回りの女子学生の中国語に耳を澄ませていて気が付いたことですが、「田教授家的二十八个保姆（田教授家の28人のお手伝いさん）」というドラマなどでも若い女性のことばとして度々使用されていました。ほかにも、日本語の「あの時はビビった**みたいな～**」と文末について断言を和らげる「**～みたいな**」とよく似た「**～的那种**《ダナーチョン》」もあります。これらは「ヘッジ表現（和らげる表現）」の一つで、ヘッジ表現は英語でも女性のことばの特徴と言われています。

また、若い女性は、第三者に使う人称詞「人家《レンチャー》」を自称詞として使用することがあります。日本語の「あたしって○○な人じゃないですか～」と他人事のように表現する雰囲気と少し似ています。「中国語にはことばの性差はない」と言う中国人にも「**人家**《レンチャー》讨厌《タオイエン》你《ニ》（わたし、あなたってきらい／いやねぇ）」って言いますよねと言うと「なるほど」と笑ってうなずいてくれます。

またこうした若い女性のことばの特徴を利用して、映画やドラマでおネエキャラが登場（武漢ではコメディ芝居の舞台で見たことがあります）します。こうしたオネエことば（娘娘腔《ニャンニャンチャン》）の研究[9] の過程で驚いたのは、映画やドラマで清朝の宮廷の「宦官」に女性のような弱弱しい声（娘娘腔《ニャンニャンチャン》）で話させていたことです。宦官を女性化した男性としてみる一種の偏見だと思いますが、この問題は今もネットで議論が交わされています。

女書―女性専用文字とその使用

女書：中国には女性特有の表記の文字があるとして、授業でも紹介するのが、湖南省江永県に伝わる女性だけが使う文字「女書」です。約 1 千種の文字があり、中国の社会言語学者祝畹瑾（1992）[10] によれば、その 80%はいわゆる

「漢字」を改造したものだそうです。内容的には七言詩の形式で、女性として生まれた辛さや、義姉妹の契り、お祝いや歴史的出来事などを、扇面や、ハンカチ、紙などに書いたもので、一部は嫁入りの儀式などで歌われた内容だそうです。女性が漢字を学ぶことのできなかった時代に現地で脈々と受け継がれてきた文字ですが、今では伝承者も少なく絶滅の危機に瀕しています。日本では、元文教大学教授の遠藤織枝先生が現地に赴いて研究され何冊も本を書かれています。

則天文字：女性と文字の出来事といえば、唐の時代の則天武后（623 ～ 705 年）が自分の権力を示すために作ったとされる漢字「則天文字」[11) 12)] があります。文字数は 17 文字ほどで多くはなく、墓碑などに使われました。「則天文字」で、日本で有名なのは、水戸黄門さまの徳川光圀《とくがわみつくに》の「圀」の字がそうです。「則天文字」と個人の名前が冠された文字というだけでもほかに類を見ないのではないでしょうか。時代名をとって「武周新字」とも呼ぶようです。

Good morning，my female-cousin…呼称について

中国語は親族名称・親族呼称が大変複雑です。伝統的な中国の「宗族制度」では親族の中でどの位置にいるかを明確にする必要があり、また階級社会では「相手をどう呼ぶか」という呼称の問題が重要で、中国の社会言語学の本でも必ず取り上げられています。劉（2016）[13)] に面白い例が引かれていて、約百年前にハーバードやコーネル大学・清華大学などで教鞭をとった「中国現代言語学の父」と呼ばれる趙元任先生が、「**表妹你好**《Biǎomèi nǐ hǎo》！」（女性のいとこ、おはよう／こんにちは」

を “Good morning, my female-cousin-on-my-mother's-side-or-my-paternal-aunt's-side-younger-than-myself!” と冗談のように訳したということが書かれています。

つまり「私の母方のいとこ、または父方のおば方で、私より若いいとこよ、おはよう」と訳したことになります。これが冗談でもなく、「表妹《ビャオメイ》」とはそんな意味です。父方の年下の女のいとこなら「堂妹《タンメイ》」です。日本だったら、年下のいとこなら、「○○ちゃん、おはよう」のように名前で呼ぶでしょう。また「いとこ」という親族名称自体を、「呼称」として「いとこ〜（よ）」とは使いません。親族名称を呼称として使用するのは、「おかあさん、おとうさん」「おばあちゃん、おじいちゃん」などですが、中国語では、「儿子《アルツ》（息子）」なども呼びかけにも使用できるので、その辺も違います。夫婦間の呼称も地域差や時代差があります。いまよく使われる「老公《ラオコン》」「老婆《ラオポー》」は、まるで「おじいさん」、「おばあさん」のように見えますが、「夫」と「奥さん」の意味です。つまり「うちの奥さん」は「我的老婆」で、呼称としてもたとえば「老婆《ラオポ》〜・老公《ラオコン》〜」と使うため、ドラマでもよく耳にします。もう少し丁寧に言うなら「太太《タイタイ》（奥様）」と「先生《シエンション》（主人）」になります。家庭内の呼称は地方差・時代差も大きく豊富で、それぞれ発音してもらうと味わい深いです[14)]。

中国語とジェンダーを考えるうえで中国の夫婦別姓についても書きたいところですが、それは第 10 章で。

第4章 ブーブー、わんわん
—中国の子供ことば、老人語

日本語には、わんわん（犬）とか、ブーブー（車）など誰でも思いつく「幼児語」があると思います。『全国幼児語辞典』（1997年、東京堂）を書かれた友定賢治先生は、幼児語は、最初は（幼児を）よりたやすくことばの世界に導くために、大人が造ったことばだから「育児語」なのだと言われています。特徴としては（1）反復形が多い。（タータ〈靴下〉、ごしごしする〈洗う〉など）、（2）オノマトペ（擬声語・擬態語）が多い。（わんわん、ブーブーなど）、（3）接頭辞（おてて・おめめの「お」）・接尾辞（だっこなどの「〜っこ」）が付くなどがあります。

ここでは、「育児語」という概念も踏まえたうえで、「幼児語」という用語を使っていますが、中国語には幼児語や子供のことばがあるのでしょうか。本章で扱うのは、男女ことばと同じく人の属性と関係する「年齢とことば」の問題です。

中国の幼児語

徐大明（2010）[1]では、

> 幼児がよく二音節語や単音節語を単音節の反復形、つまり、「帽子《マオツ》（ぼうし）」を「帽帽《マオマオ》」、「袜子《ワーツ》（くつした）」を「袜袜《ワーワ》」、「狗《ゴウ》（犬）」を「狗狗《ゴウゴウ》」、「猫《マオ》（猫）」を

「猫猫《マオマオ》」と発音するが、成長し一定の年齢に達するとだんだんとこのような話し方をしなくなる。

と説明されています。

ほかにも車のことを「车车《チョーチョー》（車）」星を「星星《シンシン》（お星さま）」のように言い、同じ音を反復するという意味では、日本語の「わんわん」とか猫を「にゃんにゃん」、車を「ブーブー」と言ったりするのに似ています。しかしながら、「猫猫《māomao》（マオマオ）」「狗狗《gǒugou》（ゴウゴウ）」はオノマトペのように聞こえますがオノマトペではありません。犬の鳴き声の擬声語は「旺旺《ワンワン》」で、猫の鳴き声は「喵《ミャオ》」や「咪咪《ミーミー》」です。車は「车车《チョーチョー》」ですが、クラクションの音なら「嘀嘀《ディーディー》」です。前述の「帽帽《màomào》」にしても、「車車《chēchē》」にしても実態のある名詞（の一部）を反復している点が、オノマトペそのものが幼児語になる日本語とは違います。

ほかにも幼児語の「饭饭《ファンファン》（ご飯）」、「蛋蛋《たんたん》（卵）」も名詞の繰り返しです。日本語では犬は「わんわん（犬）」のようにひらがなで表し、擬声語・鳴き声はカタカナの「ワンワン」で表すことが多いです。

小学校教科書の研究

中国では、幼児語の研究は言語習得や認知面からの研究[2)]が数多くなされています。私は、言語習得という面からではなく、やはり「役割語」研究[3)]との関係から「ことばの年齢差」に興味を持ちました。そして、中国の子供たちがどこで役割語のような「言語資源」（ここでは母語話者が共有する言語知識のこと）を学ぶのかと考えた時、（1）家庭で、（2）学校教育の中で、（3）漫画や小説などの創作の中で、（4）メディアの中などが想定されました。そのため、学校教育ということで、中国の小学校の国語の教科書を調べようと思いました。そこで、文革が終わって最初の指導要領に基づいて編纂された 1980 年代の教科書と、2012 年（博士論文を書いていた当時）に使用されていた国語教科書（人民教育出版の『語文』）の比較をすることにしました。共通点があれば、それが、母語話者が共有することばの財産（言語資源）ということになり、教科書の中の誰もが知っているお話や人物は、スキーマ（過去の経験や記憶によって構造化された知識）の源になります。

余談ですが、古い教科書を見つけるのは容易ではありませんでした。華中科技大学内の友人宅や小学校、華中師範大学の近代的な巨大な図書館を回り、華師大付属小の小さな資料室にあるかもしれないと言われ、係のおじさんに怪訝な顔をされながら探してもらいましたが、やっと 1、2 冊手に入ったのみ。暑い夏の日、湖北省図書館や、長江を渡ってバスを乗り継ぎ、武漢市図書館に行って手掛かりを探しましたが見つからず…　最終的には、所蔵家がお持ちだということでお借りしました。普通は、古いものは取っておかないそうです。

まず 1986 年の 1 年生の教科書を開いて、最初の挿絵や単語が農家の生活にあふれていることに驚きました。「田植え（插秧《chā yāng》）」とか「肥料をやる（施肥《shī féi》）」、「鋤（锄头《chú tou》）」、「脱穀機（脱粒机《tuō lì jī》）」など。着ているものもとても質素です。一方、その 26 年後の 2012 年の教科書は、豊かな都市生活へと変わり、部屋にゆったりとした「ソファ（沙发《shāfā》）」があり「テレビ（电视机《diànshìjī》）」があり、スーパーで「パン（面包《miànbāo》）」「洗剤（洗衣粉《xǐ yī fěn》）」などを買うといった生活で、単語も変化し、急速な経済成長と生活の変化を見事に具現していました。内容も革命兵士の物語から、環境保護や少数民族の話題を含んだ内容へと変化が見られました。

ただ、どちらの本にも「両親や先生を大事にしよう」というお話もあり、中国の伝統的な価値観や経済的・政治的変化が反映されていることがわかります。

子供ことば文法と修辞法

中国の国語教科書の研究を通じ、ことばの問題としては、低学年の教科書に共通してみられる「子供ことば文法」や、「子供ことば修辞法」と呼べるものがあることがわかりました[4)]。

たとえば、

・**形容詞（A）の重ね型（反復）**：AA 的
小小的船《シアオシアオダチュアン》（小さな小さなお舟）
弯弯的月儿《ワンワンダユエアル》（曲がった、曲がったお月さま）

です。こうした形式は日本の童謡「出た、出た月が、まあるい、まあるい、まんまるい、おぼんのような月が♪」とよく似ています。

「出た、出た」のように動詞（V）の反復型もあります。

・**動詞の反復**：Ｖ啊、Ｖ啊／Ｖ着、Ｖ着

小松鼠很高兴…..他等啊，等啊，等到花都落光了

子リスちゃんはとても喜んで…待って、待って、花がすっかり散るまで待ちました。

ただし、中国語の場合は、こうした動詞の繰り返しには、強調や動作を繰り返しの意味だけでなく、長い時間待ったことや、長時間飛んだこと「蜻蜓飞呀，飞（とんぼは飛んで、飛んで…行きました）」のような意味が備わっています。

ことばの知識が増えた大人なら、「待つ」様子ならば、「守株待兔《shǒu zhū dài tù》（ウサギが切り株に当たるのを待つ）とか「拭目《shì mù》以待《yǐ dài》（刮目して待つ）」、長時間の移動ならば「爬山涉水《pá shān shè shuǐ》（山を越え、海を越え）」や「披星戴月《pī xīng dài yuè》（昼夜兼行で旅路を急ぐ）」など、コンテクスト（文脈）に応じた四文字熟語（成語）などを使って表現します。中国の学校教育では作文にこうした表現の使用を要求するので、否が応でも複雑な表現を覚えていきます。つまり、低学年の教科書では形容詞や動詞の反復に別の意味機能を持たせるなどの「子供ことば文法」があり、主に書きことばにおいて、大人と子供で使っている文法が異なり「多重文法」が存在するというわけです。（大人も全く使用しないわけではありませんが、口語的で、こどもっぽく聞こえたりします。）多重文法モデル（Iwasaki 2020）[5)] では、幼児期には日常会話の中で「会話文法」を獲得し、保護者の絵本の読み聞かせや、学校教育を通じて話しことばとは異なる書きことばに接することで「書きことば文法」を形成すると言っています。

「修辞法」としては、なぞなぞや数え歌のようなもの、物語の形式として、日本の「ねずみの嫁入り」のような、次々と別の動物に尋ねて回るものなどがありました。これらは、子供にわかりやすい修辞法であると言えます。詳しくは拙著『中国語の役割語研究』（2017、2023）をご覧ください。

若者ことば

中国の学術文献オンラインサービス「知网《zhī wǎng》CNKI」で「年轻人《niánqīngrén》（若者）」と「语言《yǔyán》（ことば）」で検索すると、そのほとんどは日本語研究関連です。中国の「若者ことば」にあたるものは、おもに「网络语言《wǎngluò yǔyán》（ネットことば）」とか「校园 语言《xiàoyuán yǔyán》（キャンパスことば）」といったくくりで研究されています。2009 年に南京大学で「日中若者ことば研究会」が行われましたが、中国の社会言語学者・徐大明先生が「若者ことばという概念はどのように定義したらよいか」と改めて問われたのが印象的でした。中国では「若者ことば」という概念で研究されてこなかったことがわかります。日本では言語学でなくとも、「若者ことば」は普通に使われている用語でしょう。こうした研究の角度の違いも日中の言語研究にはあります。

筆者の中国の若い女性ことばの研究（河崎 2011）はもともと学生たちの話しことばの観察から始まっているのでキャンパスことばの研究とも言えます。そこから見ると、大学生らしく英語を挟むとか、流行語を取り入れるという現象が見られました。私の教えていた大学では日本の英検 2 級程度の資格試験に 3 年までに合格しなくてはならず、熾烈な受験競争を勝ち抜いてきた中国の学生たちは専門の勉強以外に英検１級程度を取得している人も普通でした。だから彼らのことばに英語が混じるのは坪内逍遥の『当世書生気質』の書生たちのようです。早朝から寮の外で英語の本などを朗読している姿によく会いました。

その頃、「hold住《zhù》（持ちこたえる・頑張る）」「hold不住《bùzhù》（持ちこたえられない・無理無理）」のような英語の動詞の後ろに中国語の可能補語の「住、不住」が付くという面白い現象（ことば）が流行っていました。ほかにも「ft（faint の略語／くらっ）」や「oh my god（おや、まぁ）」など、ほとんど英語そのままの単語やフレーズの使用などなどもありました。

日本語から入ったものも数多くありますが、上海交通大学で「今、日本では壁ドンということばがあって…」と帰国時に仕入れてきた流行語を得意になって学生に紹介すると、「先生、もう知っています。中国語で壁咚《bì dōng》と言います」と逆に教えられ、インターネットの伝播の速さに驚いたこともあります。「壁《bì》＋咚（ドン）」！　は「名詞＋オノマトペ」構造です。

「ネットことば」は、新語・流行語と関係していますのでまた第 11 章でお話したいと思います。

おじさんことば・おばさんことば

河崎の調査（2011）では、若い女性のことばだけでなく、中国の中高年男女の「口癖（よく使うことば）」についてもアンケートを行いました。

そこでは、中高年男性は「好的（わかった、いいよ）」「OK（いいよ）」の同意系や、「我说《wǒ shuō》（あのさ）」などの前置きことばや、「你认为呢《nǐ rènwéi ne》（どう思う？）」などの配慮のことばがあることがわかりました。中高年女性では、若い女性と同じ「嫌だな系」の「ウザイ（烦《fán》）」や「めいる〜（郁闷《yù mèn》）」や、おじさんたちと同じように、同意や肯定系、前置き系があり、大人の「配慮」が伺えました。それ以外にもおばさんたちは「到哪里去《dào nǎ li qù》（どこへ行くの？）」、「你这衣服好看《nǐ zhè yī fu hǎokàn》（その服きれいね），在哪里买的《zài nǎli mǎi de》（どこでかったの）？」などの相手に関心を寄せる言い方が挙げられていました。

華中科技大学では外国人教師をマイクロバスでドイツ系スーパーへ連れて行ってくれることがありましたが、中国人職員が同乗すると帰り道では「それは色がいいねぇ、いくらだった？」のように値段までよく聞かれました。はっきり聞くのは、情報交換の意味合いと、相手に関心を示す意味合いがあるようです。

同意系では「就是就是《jiùshì jiùshì》（そうよ、そうよ／まったくねぇ）」といった表現もよく聞きましたが、これを言ったらもうおばさん。子供はこんな風に噂話をして同意しあったりしないものです。

武漢のおじさんことば

三章でも書きましたが、武漢におじさんの特徴的な「しわがれ声」があります。武漢には現在、「高鉄（新幹線）」の到着駅が３つありますが、高鉄がまだなかった頃は、武漢（武昌）を夜９時過ぎに出ると翌朝の６時ぐらいに北京に着く夜汽車がありました。逆もあり、北京などに行き武昌に早朝、戻ってくると駅前にはオートバイの白タクがいて、しつこく「乗らないか（走不走《ゾウブゾウ》）？」と聞かれました。おじさんの後ろで風を切って街を走るってありえない！と思いながら「走不走《zǒu bu zǒu》」の声を振り切って歩いていると、それが声帯にかなり力をいれた有声音で、魚の卸売市場の競りの声によく似ていることに気が付きました。観察しているとオートバイタクシーだけでなく普通のタクシーの運転手さんでもそういう発音をする人もいました。また武漢で新聞記者になった教え子に話を聞くと、武漢の問屋街・漢正街《ハンチョンジエ》の社長たちもしわがれ声で話すということでした。若い男性では聞いたことがないので、「おじさんことば」であって、ある程度の業界語でもあるようです。大学内で教員たちがそういう声で話すのは聞いたことがありません。その範囲が武漢なのか西南官話一帯なのかは不明です。

老人ことば

米川（1995）[6] では、日本語の老人ことば（老人語）の定義や特徴として、「老人語とは、いつの時代にも存在する高齢者特有の話や言い回しを指す」としています。そして、

（1）やがて死語となる可能性の高い、当時代の一般的なことばよりも古い語彙・言い回し。

（2）高齢に伴う身体的制約によって発音が変化した語彙。（鼻音・破裂音の弾音での代替等）例）パーティ→パーチー、皆さん→みらさんなど。

田中 他（1996）[7] では死語の例として「手ぬぐい（タオ

ル)」「御不浄(トイレ)」「寝間着(パジャマ、ネグリジェ)」などを挙げています。

若者ことばにしても老人語にしても、それ自体が「繰り上がって」いきます。昭和の若者は「喫茶店」を略して「サテン」と言いましたが、今は「カフェ」です。「喫茶店」ということばは使用されているものの「昭和レトロな喫茶店」などと組み合わさって使われるのをよく見かけます。ことばも年を取るのです。

中国の老人語

中国語の場合、CNIK で、「老人＋语言(ことば)」と検索しても研究自体はわずかにしかありません。

たとえば、姜・李(2017)[8)]は、吉林省大学で大学生が自分の祖父母に電話した対話をスクリプト化し、分析しています。若者とお年寄りの文法の複雑度や流暢性(つっかえなど)を調べた結果、文の量・語数には差がなかったものの、語の重複、文法の複雑性(若者≧老人)、流暢性には差がありました。老人はあることばを繰り返し使用し、若者より簡単な文を使い、接続詞はやや少なめで、ポーズが多く、不完全な文をしゃべる、話が長く、話し方がゆっくりで、しばしば方言を使うという結果でした。

私は、武漢や上海の公園で、老人たちの立ち話に耳を傾けましたが、(1)子供や孫の話、(2)健康に関する話題、(3)株などのお金儲けの仕方がよく話題になっていました。(1)、(2)は世界共通でしょうが、(3)は経済発展や、老後の保障と関係する問題で社会の仕組みとも関係がありそうです。

これからの中国の老人の言語生活

2022年7月末に、中国教育部（日本の文科省に相当）主催の「言語資源と言語サービス研究の実践10年」というオンラインシンポジウムがあり参加しました。今後の課題としていくつも挙げられたものの中に、「老人の言語生活」の研究という項目がありました。この調査は高齢化社会を迎える中国で老人が一日の生活の中でどのような方法で、情報を得たり、交換したり、コミュニケーション活動をしているかに注目するため、付随して中国の老人ことばの特徴も、もっともっと明らかになっていくことでしょう。

第5章 上海で水を買う
―配達のお兄さんと「役割語」

武漢でも上海でも、蛇口からの生水を飲むことができませんでした。それでも水の街・武漢では沸かせば飲めましたし、服務員さんが毎朝、魔法瓶2本を部屋に届けてくれました。全寮制で暮らす学生たちは自分で「お湯汲み場」へ魔法瓶を持って汲みに行くのが日課の一つでした。2013年、上海に移り、旧フランス租界の古いアパートに住み、水道電気ガス…何かと自分で解決しなくてはならなくなり、当初、水道水を沸かして飲んでいたのですが、大家さんから、濾過が不十分だから沸かしても飲んではいけないと言われて浄水の配達を頼むようになりました。移ってから半年以上が経ち、生活も落ち着いた5月の連休初日、いつものように電話で注文すると、配達のお兄さんは、普段ならすぐ届けてくれるのに、その日はなぜか何度かけても「わかりました。」と言うばかり。とうとう夜9時を過ぎても現れず、こんなことならコンビニに買いに行けばよかったと後悔しました。

翌日、そのお兄さん（30代前半）は、体格のよい体をゆすりながら重い水の箱を運んできてくれ、「昨日は、小学校の友達が安徽省の田舎から出て来たんで、**自分**、一緒に飲んじゃって、酔っぱらって配達できなくなった**んす**。」と言いました。

連休に田舎の友達が出て来たのならしょうがないですね。

お兄さんが話したのは、現代中国語の共通語・普通話《プートンホア》です。普通話なら、一人称は「自分」も、「俺」でも「私」でも普通「我《ウォ》」です。なのに、私はその体育会系的体格と雰囲気のお兄さんを見て、「自分は」とか、「できなくなったんす」のように感じとっていました。

上海の大先輩、百年前の上海で内山書店を開いた内山完造氏も著書『上海漫語』[1)]の中の「翻訳について」という一節で、次のように書かれています。

> 日本語の「君、お前、手前、其方、貴様」など色々の言葉で呼ばれるのに対して、支那語では「你《ニー》」が一つである。北京語で「您《ニン》」というのがあったが、今日は殆ど使わなくなっている。だからもし支那語の「你愛不愛《ニーアイプアイ》」を日本語に訳する場合は、日本語の「君」に訳するか、「あなた」に訳するか、「其方」か「手前」か、第一これに困る。日本的になら、その相手方次第でいろいろと変えて使ったほうが読者に対してはわかりよくて訳出にもまた便利であるが。それでは実は支那人の人情が少しもわからんことになる。
>
> （下線および「　」は筆者による）

現代中国語では、敬称としての「您《nín》」は使いますし、検討の余地があるのですが、この「日本的になら、その相手方次第でいろいろと変えて使ったほうが読者に対してはわかりよく」という感覚は今でもほぼ翻訳や創作に受け継がれていると言えます。

日本語には、それだけ人称代名詞の選択肢があるからということと、日本語母語話者ならことばの知識「言語資源」として男女ことばや、幼児語、関西人キャラ…といった人物像とことばのセットを持っているからです。この「人物像とことばとの結びつき」を「役割語」と言います。

探検のための懐中電灯

「役割語」とは2003年に現放送大学大阪学習センター所長、大阪大学栄誉教授金水敏先生が提唱された概念です[2)]。

その定義は以下です。:

> ある特定の言葉づかい（語彙・語法・言い回し・イントネーション等）を聞くと特定の人物像（年齢、性別、職業、階層、時代、容姿・風貌、性格等）を思い浮かべることができるとき、あるいは特定の人物像を提示されると、その人物がいかにも使用しそうな言葉づかいを思い浮かべることができるとき、その言葉づかいを「役割語」と呼ぶ。
>
> （金水敏（2003）『役割語の謎』岩波書店 p.205）

役割語があることによって、主語を省略しても誰のセリフかがわかるために、小説などで便利なことばとして使われてきました。第3章にも書きましたように、現実社会では「女ことば」の代表的な「女性文末詞」の「わ」や「のよ」を使わない人が増えているにも関わらずドラマやアニメなどではなくなっていません。

役割語の特徴として、人称代名詞や終助詞などの文末表現に最も現れやすいと言われますが、たとえば笑いのオノマトペ「おほほほ」「ウフフ」、「ガハハ」「ワッハハ」などでも人物像は変わりますし、定延（2011）[3] では、「キャラクタは万物に宿る」と指摘されています。

中国語にもこんな「役割語」があるのだろうか、それが中国語の本質的な問題と関係があるか、などの９つの課題を設定しました…これが私の博士論文[4] のテーマでした。

思い返すと…

1990 年頃に見ていた中国の TV ドラマを思い出すと、「末代皇帝」で皇帝に仕える召使たちがよく「皇帝圣安《huángdìshèng'ān》（皇帝陛下ご機嫌うるわしく）」とか「奴才《núcái》该死《gāisǐ》（わたくしめは死んでお詫びを）」と言い、同じく中国の TV ドラマ「西遊記」で三蔵法師が、悟空に「阿弥陀佛《Ēmítuófó》（なむあみだぶつ）」とか「…如何《rúhé》（いかがか）」といった古めかしいことばを使用していました。だからきっと中国語にもなんらかの役割語があるはずだと思いました。

とはいえ、指導教官はもとより、周りの中国人にいくら聞いても、「男女のことばの差もない」、「現代中国語にはそういうことばの差はない」と言われるばかり。内山完造氏も「中国語は平等」と書かれています。

前途多難。暗いトンネルの中で１人、そんな珍しい蝶々を探すための頼みの懐中電灯が、金水先生の役割語の定義と、京都大学定延利之教授の「キャラは万物に宿る」でした。

日本語の研究でも「役割語」は日本語史、音声、対照研究、文法研究、キャラクター研究などなど多くの面の成果を生んでいました。「欧米の文法学の体系や言語学理論の基礎を吸収することによって発展してきた中国語研究」（申小龍2003）[5] に日本語研究の新しい概念を紹介したい、そうすればまた新しい発見があるはずだという思いがありました。

この中国語の役割語研究で主に取り扱ったのは、（1）中国語の方言と中国ドラマ・映画の関係、（2）中国語の中の「官僚ことば」「オネエことば」「学生ことば」、（3）役割語としての非言語行動（若い女性、幹部、農民のしぐさ）、（4）ことわざや「非言語成語（身振りや体つきなどの非言語要素が成語として固定化したもの。例）明眸皓歯／美人のたとえ）」と人物像、（5）人の名前とキャラクター、（6）ネットことばとキャラクター、（7）役割語のリソースとしての小学校の教科書などです。詳しくは拙著に譲りますが、どんな発見があったかをいくつか簡単に紹介したいと思います。

中国の方言とドラマ

日本語の役割語として、たとえば東北弁がアメリカ映画の中の黒人のアテレコに使用され[6]、関西弁と大阪商人が結びつくように「人物像と方言の結びつき」があります（金水2003）。さて、中国語ではどうか。これを考えていた時にまず次のことが浮かびました。

1949年10月1日に世界に向けて毛沢東主席は、新中国の成立を宣言しました[7]。

「同胞们，中华人民共和国中央人民政府今天成立了！
Tóngbāomen, Zhōnghuá rénmín gònghéguó Zhōngyāng rénmín zhèngfǔ jīntiān chénglìle
（同胞の皆さん、中華人民共和国中央人民政府は本日成立しました！）」

この毛沢東主席の湖南省（韶山方言）なまりでの宣言のフィルムは折に触れ繰り返し放送されます。またこの前後の激動を描いた映画『開国大典』（1989年）では俳優たちが当時の国家指導者たちのなまりを再現しています。普通話（標準語）がまだ制定されていなかった時代、国家指導者たちのお国訛り（方言）が人民の記憶に残ることになりました。鄧小平はその「四川省なまり」の共通話で人々を印象付けたそうです[8)]。前述の毛主席の「本日成立しました！」というセリフは有名ですから中国人の友人の前で言ってみると大体笑ってもっと上手に再現してくれます。

2005年、2009年には国家新聞出版広電総局（略称「広電総局」：国家新闻出版广电总局）からTVや映画における方言の使用は、地方劇以外では使用してはならないと通達が出ています。基本はそうですが、地方局では方言番組が制作されますし、ユネスコ（国際連合教育科学文化機関）が2009年に消滅の危機に瀕する言語の保護の促進を提唱したため、中国政府も方言や少数民族の言語の保護に乗り出し、その間で政策的なゆれや調整もみられます。

私のいた当時には、多方言ドラマと言える作品も流行っていました。たとえばドラマ「武林外伝」や、「我的団長我的団」「炊事班的故事」などです。「武林外伝」はコメディ時代劇で抜け目のない女将に河南語をしゃべらせたり、気弱な秀才が上海なまりであったり、「我的団長我的団」は抗日戦争で全国から集まった兵士たちの様子を方言で表していました。「炊事班的故事」では「太った広東人コックさん」、「のっぽで激情的な東北人」といったキャラが振り分けられていました。方言と人物像に関連性があります。

その後に行った人物と方言に関する言語意識調査を通して、中国語でも、たとえば上海語には、インテリとか、女っぽいといったイメージ、広東語に商人とか裕福、やくざのイメージ、東北の方言に豪快、酒飲み、田舎者といったイメージがなど一定の傾向があることなどがわかりました。方言は細かく下位分類もあるためここでの「○○語」と挙げた方言自体がイメージでしかなく、これらは、ドラマや映画などメディアから流れてくる情報や土地の伝統的なイメージと関係しています。そのため泥棒や詐欺師などのマイナスイメージを特定の方言に当てていることに対して反対する意見もあります。「役割語」は便利である反面、「ことばのステレオタイプ」であることから、その使用が時に、偏見を助長する危険性をはらんでいます。

中国語の伝統的な「役割語」
—官僚ことば・オネエことば・学生ことば

日本語では「前向きに検討します」とか「善処します」は、政治家の無責任な返答としてとらえられます。拙著では、中国語の中にある「官腔《グアンチアン》（官僚ことば）」「娘娘腔《ニャンニャンチャン》（オネエことば)」「学生腔《シュエションチャン》（学生ことば)」も扱いました。
中国人の友人にインタビューすると、中国でも大学の上司などが「商量商量《シャンリャンシャンリャン》（相談しましょう)」とか「研究研究《イェンチュウイェンチュウ》（考えておきます)」といった言い方をしながら、その実、何もしてくれないと言います。

実は、地方幹部の知り合いのしゃべり方を観察したことを一部書きましたが、その部分は出版時にカットされました。いずれも先行研究はほぼなかったため、新聞記事やネットの書き込み、北京大学コーパス（CCL 语料库）の古代と現代語コーパスなどから用例を集めました。

官僚ことばでは、開会の宣言などで特徴のある語彙やフレーズ、お決まりの型などがあること、マルクス主義の術語の使用、常套句や美辞麗句・無駄話が多く、責任逃れ的な発言、命令口調・語気詞の引き延ばし等の特徴があることがわかりました。コーパスで、前後を含めて見ると言語的な特徴以外に、「大きな態度をとる」とか、「ソファに座ってお茶をのんで無駄話をする」というようなマイナス面と、「身なりがいい」、「俗っぽくない態度」、「読書好き」などのプラスの評価の「非言語的要素」もあることもわかりました。

オネエことば、書生ことば

中国にも、男性の女装の歴史があり、京劇の梅蘭芳などに見られるような戯曲における「反串《ファンチュアン》（現代では自身の性と反対の性の役柄を演じる意味で使われる)」や、女性に仮託した文学などもあります。調べていて最も驚いたのは、「宦官」に「オネエ」のイメージが付与されていることです。たとえば西太后（清朝末期の女帝）の寵愛を受けたと言われる宦官を描いた「李蓮英《リー・リエンイン》・清朝最後の宦官」（1990 年）という映画で、宦官役の姜文《ジャンウェン》は弱弱しい女性っぽい話し方をしています。姜文と言えば、張芸謀《チャン・イーモウ》監督の映画「赤いコーリャン」などで、男らしい役を演じています。2011 年には宦官だからと女性らしい「細声細語」で話させる描き方はやめようという声が上がっていましたが、現在でも清朝ドラマで使用されるとネット上でこうした議論を見かけます。中国の映画やドラマの中では「オネエキャラ」はそれなりに需要があり、若い女性のことばの特徴つまり、語気助詞の多用や、「人家」を自称詞として使う、服装・化粧、なよなよした歩き方、そして、髪の毛を耳にかける、「蘭花指（京劇のオヤマがする女らしい指の形のこと）」を使用することなどが挙げられます[9)]。

金水（2010）「男ことばの歴史」[10)] では、日本語の書生ことばは明治時代に日本の各地から東京にやってきた大学生のことばを基礎に発展してきたもので、その後、新時代の男性の規範的言語になり、日本社会の中で受け入れてきたとしています。中国の「学生腔」や「娘娘腔」、「官腔」は、一般的に「贬义词《biǎnyìcí》（貶義詞／けなしことば）」としてとらえられており、必ずしも大衆が模倣し規範とする対象ではなかったことが日中の相違です。

「キャラ変わり」と宇宙人語

定延（2011 年）では、人々はネット上で、「拙者」「でござる」を使用して「侍キャラ」を演じたり、「そんな冷たいこと、言わんといて」と大阪商人キャラに「**キャラ変わり**」したりして、ことば遊びをしていると指摘しています。

そんな「**キャラ変わり**」やことば遊びが中国語にもあるかのどうかを調べたのが拙著『中国語の役割語研究』第８章です。中国版ツイッター「微博《ウェイボー》」で中国の人たちの言語使用を調べるとたくさんありました。皇帝や、皇后（娘娘《niángniang》）、大旦那様（大人《dàrén》、大爷《dàyé》）、お坊ちゃま（少爷《shàoye》）、拙者（在下《zàixià》）、わし（老朽《lǎoxiǔ》）…犬／わんわん（犬のキャラ助詞：汪汪《wāngwāng》）、猫／にゃんにゃん（猫のキャラ助詞、喵《miāo》）などなど。

「キャラ助詞」とはそのキャラクタ（ー）・キャラを表すために使われる助詞のことです。

それだけではありません、中国語でも宇宙人やロボットを表す用例もありました。

（1）外星人接收宇宙信号 **TTTTTTTTTT**
Wàixīngrén jiēshōu yǔzhòu xìnhào TTTTTTTTTT
（宇宙人は信号をキャッチした TTTTTTTTTT）

（2）地球太危险、外星人要回自己的星球了**咻~咻~咻~**
Dìqiú tài wēixiǎn, wàixīngrén yào huí zìjǐ de xīngqiúle xiū~xiū~xiū~
（地球はとても危険です。宇宙人は自分の星へ帰ります。シュー、シュー、シュー）

のように、「T」の連続で信号を著したり、「咻~咻~咻~（シュー、シュー、シュー）」と擬声語を使用したりすることで宇宙船の飛来音のイメージを喚起させています。

日本語にも「地球人よ、よく聞け、ワレワレは宇宙人だ」といった抑揚がなく声を震わせたしゃべり方の「宇宙人語」があります。中国のドラマの中にも同じような例があるため、これはアメリカのSF映画から来た世界共通のロボット・宇宙人ことばの特徴ではないかと考えられます。(「スター・ウォーズ」のR2-D2[11)]の声は人の声と機械音の合成といった工夫もあるので、世界のロボット語のイメージも世代で違うかもしれません。)

こうしたキャラ変わりが単なる、ことば遊びだけでなく、語用的に使用され、人間関係を和らげる「敬語」的な機能も果たしていることも指摘しました。

昨今、日本では各国語の翻訳者たちは、時代に合わせ役割語の見直しをすると同時に、ここぞという時には戦略的に男女ことばなどの役割語を使用しています。2021年、中国文学の翻訳を2冊出版しましたが、それは私にとって「役割語」の翻訳実践でもありました。翻訳と役割語ということ[12)]もあれこれ考えていますが、新たに論文化できればと思っています。

第6章 もっと雑踏。上海の街の中で聞こえることば―言語接触

男女ことば、子供ことば、役割語は、「言語変種」と言われる領域に属すことばたちです。この章では、ことばとことばが出会うとどうなるかという「言語接触」について取り上げます。

上海の雑踏の中で

2013年9月、上海に移ったばかりの時、地元の小さいお店で、上海語で値段を言われ、キョトンとしていると、「ああこの人上海語、わからないんだ」と普通話《プートンホア》（標準語）に切り換えて話してくれました。（これはコードスイッチングと言います。）

武漢語も独特でしたが普通話の元になったと言われる北京語と同じく「北方官話」に属すため、なんとなくわかる部分があるのですが、よく呉語と閩南語は中国人でも聞き取れないと言います。呉語の一つ上海語は当初全くのチンプンカンプンで、そんな響きに「上海にやってきた！」という高揚感がありました。「田舎のネズミ、都会へ行く」です。ところが、上海の街を歩いていると…人通りの多い場所で聞こえてくるのは、まるでピーチクパーチクいろんな方言の音。たとえば、南京東路という、外灘（ワイタン）と並んで上海の有名な観光地では、上海語よりもいろんな地方の音がザワザワ聞こえてきます。つまりそうした人気の観光地は、外国人だ

けでなく、中国各地からの観光客に溢れていたのです。私の住んでいた上海交通大学の徐家匯《シーチャーホイ》キャンパス界隈もいくつものデパートがあって人の集まる場所ですから、すれ違う人の話し声が、普通話《プートンホア》や上海語には限らないことがとても新鮮な発見でした。上海はよく「海納百川《ハイナバイチュアン》」（海は多くの川を受け入れる）と形容されます。2020 年に実施された国勢調査（全国人口普査《quánguórénkǒupǔchá》）によれば、上海常住の人口は 2,487 万人で、そのうち地方から来た人たち（外地人）は 1,048 万人です。上海には地方から流入し住んでいる人たちが四割以上を占めていることになります。上海は、私の想像以上にいろんな音が聞こえてくる「もっと雑踏」でした。

Shanghaied と上海英語ピジン

アヘン戦争を仕掛けたイギリスは 1842 年南京条約によって香港割譲のほかに広州、福州、アモイ、寧波、上海という 5 つの港の開港をさせました。小さな漁村に過ぎなかった上海が国際都市に成長したのはその後です。日清戦争後、徐々に日本人も増えて行き、第二次世界大戦終結前の 1942 年には 10 万人を超えています。そんな「老上海」で日本人と上海人がどのようなことばでやりとりをしたのか。それを研究したのが拙論「アルヨことばの周辺としての上海ピジン」です[1)]。

ピジン（pidgin language）とは、異なる言語を話す人同士が意思疎通のために使用した混合言語（ブロークンなことば）で、（1）現地語の発音や文法に影響を受けている、（2）簡略化された文法、（3）一つの単語がさまざまな意味で使用され、少量の単語で間に合わせる、（4）口語であり、一代限りといった特徴があります。広州や上海で、現地人と欧米人が通商のために使ったことばが、宣教師や船員の日記に残されていたため、英語と広東語、英語と上海語の接触言語の研究については、すでに成果がいろいろとあります[2]。たとえば、上海ピジン英語では、

- ･He belong China-side now. (He is in China now.)
- ･You belong ploper?（R/L を区別できないため、正しくは proper.「お元気ですか」の意で使用されている）
- ･How muchee belong?（muchee は much／「いくらですか」の意）

のように、なぜか（3）にあるように「belong（属す）」がさまざまな意味に使われ、700 語ぐらいで会話をしていたようです[3]。

中国語でピジンは、「別琴语《bié qín yǔ》（別琴語）」「皮钦语《pí qīn yǔ》（皮欽語）」といった音訳語もありますが、言語学者ではなくとも「洋泾浜《yáng jīng bāng》（语《yǔ》）（ピジン語）」と言えば多くの中国人がわかってくれます。

この「洋泾浜《ヤンチンバン》」というのは、上海の中心・列強の公共租界とフランス租界を挟んで流れていた小川のことです。後に埋め立てられ、今は交通量の激しい延安東路になっています。当時この川のあたりで、欧米人と中国人が交易をし、その時

に使われたことばという意味で「洋泾浜《yángjīngbāng》（语《yǔ》）」と呼ばれ、この怪しい中国式英語は、欧米人側も勉強しなければ使えなかったのです。

また「上海 Shanghai」（大文字の Shanghai）は、もちろん地名で名詞ですが、英語で shanghai は「I was shanghaied in Shanghai.（私は上海で騙された、誘拐された）」のように、「だまして（…を）させる、誘拐する」という意味の動詞です。1915 年のチャップリンの映画「チャップリンの船乗り生活」の原題は「Shanghaied（誘拐）」です。当時の上海在住の日本人作家・松村梢風の『魔都』にも、日本人夫婦がそれぞれ人力車に乗って出かけて夫が振り向いた時には奥さんが乗った人力車は消えていたというような事件が書かれています。薬をかがされ気が付いたら船上だったと…。

上海の「ピジン日本語」の研究

「ピジン日本語（洋泾浜《yáng jīng bāng》日《rì》语《yǔ》））」に私が興味を持ったのは、金水敏著『コレモ日本語アルカ？異人のことばが生まれるとき』（2014 年岩波書店）に「満州ピジン」の例として挙げられていた例が、上海語ではないかと思ったことがきっかけです。満州ピジンとは、満州で話されていた混合言語で、日本語バージョンと中国語バージョンがあります。この満州における接触言語「満州ピジン」の研究[4)] はありますが、上海で中国人と日本人がどんなことばを用いてやりとりをしていたのかという研究はまだほとんどありませんでした。

そのため、第１章でも書きましたように、列強各国の人たちや日本人が戦後、上海に残していった図書が保管されている「蔵書楼」や、当時の行政文書がマイクロフィルムで残されている「档案馆《dàng'àn guǎn》（公文書館）」に通いました。（蔵書楼に残る日本人が残していった８万冊に及ぶ図書の目録は『上海図書館蔵旧版日文文献総目』オンラインでも検索できます[5)]。）

また一方で上海語研究者や上海人へのインタビューを行い、百年近く前の上海にやってきた日本の作家・芥川龍之介や、横光利一、村松梢風、武田泰淳、林京子などの関連作品から上海語と思しき例や、日本人と中国人の接触の様子を抜き出していきました。

横光利一『上海』には「メークイーホー、デーデーホー、パーレーホッホ、パーレーホー」という花売りの声が出てきますが、「蔵書楼」の50代後半の女性職員さんに聞いてみたところ、「うんうん、子供の頃聞いたことがあるよ」と話してくれました。漢字では「玫瑰花、梔子花、白蘭花、白蘭花」で、「バラの花、クチナシの花、ギンコウボク（銀厚朴）の花、ギンコウボクの花」という意味です。私は、90年前の横光利一と、蔵書楼の職員さんと一緒に哀愁を帯びた花売りの声を聴いたような気がしました。

上海の物売りの声は井上紅梅にとっても印象的だったらしく、1921年発行『支那風俗』（https://dl.ndl.go.jp/info:ndljp/pid/1870297）[6)]に「花柳語彙」とともに「物売りの声」について記録されています。今でも季節になるとクチナシやギンコウボクのよい香りの小さな花束や腕輪をおばあさんが地下鉄の入り口で売っています。私も買って部屋に置きました。クチナシは蚊よけにもなるそうです。

上海ピジン？　満州ピジン？

前述の金水先生の本『コレモ日本語アルカ？　異人のことばが生まれるとき』に満州ピジンとして挙げられていたのは「儂《ノン》ケタ、チョウ好《ホー》や（あなた、これ食べなさい）」という例ですが、拙論「アルヨことばの周辺としての上海ピジン」（河崎 2016）では上海人への調査を通して満州ピジンではなく上海語であることを実証しました。

ただ、最も面白い発見は、上記に挙げた「海を渡った作家たち」の作品中、武田泰淳の『上海の蛍』の中にあった用例です。

「私」は上海の龍華寺の近くで、ラーメン屋のじいさんに油（ラード）を入れるかと聞かれ、

・「油（ユウ）、多多的（ターターデ）、好（ハオ）レシ」といい加減に答えて食べてみると、やっぱり油を加えたほうがおいしかった。　　　　（下線は著者による）

とあります。「油、多多的、好レシ」は「（ラーメンに）油をたくさんいれてください」という意味で、普通話であれば「多放点油好了《ドウファンディエンヨウハオラ》」で、ここにある「多多的（ターターデ）」は典型的な満州ピジン語（兵隊支那語）です。「好レシ（好来西）」は上海語で（いいね）ということ。つまり満州ピジンと上海語の混ざりあったものです。武田泰淳は『上海の

蛍』の中で上海語を習ったと書いており、「好来西」という上海語の特徴的な用法は知っていたのでしょう。村松の『魔都』などにも出てきます。

当時、満州から日本の兵隊たちが上海に南下してきており、その時に満州ピジンも上海にもたらされたのか、あるいは簡便な中国語教材や絵葉書などで知識として持ち込まれたのかもしれません[7]。「多多**的**（ターターデ）」のように「**的**」の多用は、今では中国の抗日戦争ドラマで日本兵が話す中国語（つまり「日本人役割語」）としても使用されています。日本語の「の」は、名詞をいくつもつないでいくことができますが、中国語の「～的（の）」はどんどんつなげることができません。母語の干渉で、実際の日本人の中国語にも「～的～的～的」使用が見られます。役割語はなんらかの実際の人たちのことばの特徴を捉えたものです。

上海のピジン日本語研究に当たっては、上海や日本で80－90歳代の当時を知る方へのインタビューも試みましたが、せっかく見つかっても、ご高齢で体調がよくないことや、日本人への協力に抵抗があるなどの理由で断られました。一人、上海交通大学の教え子のおばあさん（1934年生まれ）で、北京の小学校で日本語教育を受けたことがあるという方からお話を伺うことができました。しかし、突然その方の口から「センセイ　オハヨーゴザイマス！ミナサン　オハヨーゴザイマス」という挨拶を聞いた瞬間、戦時植民地教育のありようを垣間見たようで、複雑な思いがこみ上げました。

また上海の公文書館で、当時の上海市政府である工部局

（1854－1945 年）で上海事変後に始まった日本語教育[8)]に関する通達文書のマイクロフィルムを見ていて、英語で書かれていた通達文が次第に日本語へ置き換わっていく様子を見て、震える思いがしました。イギリス統治の時代は終わった、これからは日本の時代だとそういう狂乱が見て取れる気がしたのです。そうした日本の野望も 1945 年に終焉を迎えています。

ピジンとクレオール―宜蘭クレオール

ピジン英語に対抗して「上海ピジン日本語」と名付けて研究を始めましたが、日本人が使った単語や上記の武田泰淳の『上海の蛍』に出てくる不思議な文法の用例を見つけることができた程度に過ぎず、「ピジン英語」のようなある程度系統だったものが見つかったわけではありません。上海に渡った日本人の書いた資料はかなりあるので、今後、もっと事例が見つかるかもしれません。しかし、英語が「老上海」を統治することばとしてほぼ百年使用され影響力が大きかったのと違い、日本の時代は 1937 年（上海事変）～ 1945 年で、大きな影響を与える前に終戦を迎えているため体系を持つピジン日本語は形成されるに至らなかっただろうと考えています。

ピジンはいわば一代で使用される混合言語ですが、ピジンが二世代、三世代と受け継がれてある程度固定化されたものをクレオール（語）と言います。

サハリン[9)]、台湾、パラオ、ハワイやブラジルなどにおける接触日本語について研究がありますが、移民や戦争の歴史と色濃く関係していることがわかります。日本が60年統治していた台湾の宜蘭県に「宜蘭クレオール」ということばが残っていて、台湾の東華大学の簡月真先生たちが研究されています[10)]。「毎日新聞」のYouTubeチャンネルにこの宜蘭クレオールの動画がアップされていますので、どうぞご覧になってみてください[11)]。世の中にこのような日本語と現地のことば（アタヤル語や中国語）の混じったことばが存在することに驚かれるのではないでしょうか。これはいわば「日本語の子供」、日本統治の爪痕でもあり、面白いだけでは語れないことばたちです。

中国国内の言語接触

戦争や飢饉、国家政策、移民など人の移動によってことばとことばの接触が起き、新たな言語が生まれたり、一方の言語が消えていったり様々なパターンでことばは変化します[12)]。中国国内は方言も多く、またグローバル化の下、中国語の外国での接触もあるため国内外での研究があります。農村から都会への出稼ぎや、三峡ダムなどの国家的プロジェクトによる人の移動もあり、三峡ダムでは128万人が湖北・重慶を中心に各地へ移住を余儀なくされ、彼らの移住先での言語変化も注目されています。また、中国にやってくる外国人が集まって形成される地区（韓国人街やアフリカ人街と呼ばれる町）に関する現象も興味深いです。

今回は中国近代化の流れの中で、武漢のことばの森で起きた出来事を紹介します。

武漢の言語接触—弯管子《ワングワンズ》

武漢は長江を挟んで大きな街が形成され、南岸に青山区というところがあります。1958年に武漢鋼鉄という製鉄コンビナートが建設されはじめました。このコンビナートの町には、武漢語で「弯管子（ワングワンズ）」と呼ばれる中国東北方言の混じったことばがあります。武漢から中国東北地方に行くには、私がいた当時で、列車で24時間以上かかりました。なぜそんな遠く離れた土地のことばが混じりあったのでしょうか。

答えは、工場技術者たちの移動です。1958年といえば「大躍進」の掛け声とともに鉄の生産を拡大しようとしていた時期で、近代的な製鉄所を作るために、東北・鞍山鋼鉄から技術者たちが武漢へ移住を命ぜられたのです。工員たちも全国から来て日本の石炭増産時代にあった炭鉱住宅のような町が形成されています。東北からの移住者たちが技術指導者という立場だったこと、その家族が住宅内の学校の国語の先生になったことも大きかったようです。「弯管子」の「弯」は武漢語で、「なんだか変」「ぎこちない」という意味で、管子は「発音器官」で比喩的に「人」を指し、「変なことばをしゃべる人」の意味で、最初はけなしことばでした。同じ北方方言に属すので全く通じないわけではなく、ただ武漢人が聞けばすぐにその「東北尾音」（語尾の東北なまり）がわかったそうで、「弯管子《ワングアンズ》」は第二世代、第三世代あたりで完成し、第四世代の現在、危機言語となっているそうです[13)]。

武漢鋼鉄は、現在、日本の新日鉄との合弁事業があり華中科技大学の教え子が通訳として何人か就職しました。本書を書くにあたってその一人に話を聞くと、家財道具も一緒に東北から家族と列車に揺られて武漢にやってきた様子を、お年寄りから聞いたことがあると話してくれました。

こうした中国の工業化に伴って各地の国有企業や工場団地に技術者などが移りすむという現象は武漢だけでなく、全国各地にあり、たとえば、安徽省工業団地の中で三世代にどんな言語変化が起きたかといった研究[14]もあります。

ジャスミンティーの香り

武漢の大学は職住一致だったので大学内の市場のお茶屋さんでよく茶葉を買いました。日本へのお土産用も買うので、いつも試飲させてくれました。ある日、湖北の新茶「毛尖」が入ったと勧められ飲んでいると、老人が一人入ってこられました。一目で退職後の老教授だとわかりました。店の人が「龍井《ロンジン》」茶を勧めても頑として「ジャスミン茶がいい。僕みたいな知識人はいいやつを」と。老先生は武漢なまりなのに、北京の人の好きなジャスミン茶とは不思議だと思い、「失礼ですが、どちらの方ですか？」と聞くと「武漢の人間ですよ…でも、ぼくのお婆さん（姥姥《ラオラオ》／母方の祖母）が、ジャスミンティーが好きだったので」と。それから、小さい頃、妹さんのお産の時、お母様も妹さんも亡くなってしまい、北京生まれのおばあさん（姥姥《lǎolao》）に育ててもらったのだということなどを話してくれました。ジャスミンティーに薫る人の人生。

一人の人間の歴史はことばだけでなく、習慣や食生活、行動にも出てくるものです。次の章では言語行動・非言語行動についてお話したいと思います。

第7章 永く忘れない
―言語行動・非言語行動

上海に移り、近くの比較的庶民的なデパートで、夜の９時の閉店間際に菓子売り場のお店のおじさんに、「打烊了《ダーヤンラ》」と言われて感動を覚えました。「打烊了《ダーヤンラ》」というのは、「店じまいですよ、看板ですよ」という意味で、もともとは上海などの南方の方言で、ドラマなどでも使われ、今では普通話だと思われているようです。「ダーヤンラ」という響きに、まるで店の灯りをふっと吹き消して店じまいするイメージが浮かびました。武漢の大学内では、夜の９時閉館の図書館で調べものをしていると、15分ぐらい前から係の人に、「下班了《シャーバンラ》、下班了《シャーバンラ》（退勤するよ－おわりおわり！）」と追い立てられました。「退勤するよ」という表現なので係の人の主観的なもの言いだなぁと粘っていると10分前に書架の灯りを消され真っ暗になったこともあります。事務方は偉い人の親戚だったりするので遅刻も許されたり、強いです。日本だと、「まもなく閉館の時間です。」と客観的な立場からアナウンスされます。

挨拶や呼び方

中国へ行ったばかりの頃、ある学生が毎週土曜の昼前に電話をかけてきて、「ゴハンヲタベマシタカ」と聞くので、「察しの文化」の日本人としては、「一緒に昼ごはんを食べたい」という意味だと解釈し、誘って学食でお昼を食べるようになりました。2、3年後に「あれは、挨拶です」と言われ、食べることにも苦労した時代に使われていた[1]ことは知っていましたがいまだに「吃饭了吗《chīfàn le má》（チーファンラマ／ご飯を食べましたか）」が挨拶として使われているとはびっくり（それを日本語に訳して使ったのですね）。おかげで親しくなったのはよかったと思いますが。中国語の教科書で習う「你好《ニーハオ》（こんにちは）」は、むしろ初対面の時の「初めまして」や、知らない人に呼びかける時などに使用されます。実際、知り合いからは「上班了《シャンバンラ》？（お仕事ですか）」とか「买菜吗《マイツァイマ》？（買い物ですか）」といった挨拶をされました。最初に書いた「下班了《シャーバンラ》」の反対が「上班了《シャンバンラ》」です。

このように出会った時の挨拶にしても、どのような表現になるか、あるいは言うか言わないなど、ものの言い方・伝え方[2]を「言語行動」と言います。挨拶の違いの例でいうと、武漢の大学で朝、学生とすれ違うと「先生（せんせい）！」と言われました。日本語では、その後に「おはようございます」がつくか、お辞儀だけの場合などもあり、「先生！」だけで終わると落ち着きません。そのうち、これが「老師《lǎoshī》（先生）」をそのまま訳して挨拶として使っていることに気づきました。古くは太田辰夫（1972）「中国人の言語生活」の中に「中国語における敬語の問題」[3]として、中国語では呼称（相手をどう呼ぶか）が敬語の一つであり、相手を正しい呼称で呼ぶことが「挨拶」になるとあります。だから「老師《ラオシー》（先生）！」だけで敬意のある挨拶になります。第三章でも中国の親族名称は細分化されているということを書きましたが、中国の周代からある宗族制度では、父方の同じ姓の親戚が一つの家で暮らし、そこでは兄弟の何番目か、一緒に暮らす叔父や叔母たち、いとこにも何番目か、どのおじさんの奥さんかなどこと細かく親族呼称が決められていることと関係しています。呼び名を守ることで自分と相手との関係が示されます。現代中国語は、日本語のような文法化した尊敬語や謙譲語の体系がなく、尊敬を表す「您《nín》（貴殿）」「贵姓《guì xìng》（貴姓／お名前は？）」「请《qǐng》（請／どうぞ、どうか）」「大作《dà zuò》（大作）」、謙譲を表す「拙作《zhuō zuò》（拙作）」などの限られた語彙や接頭語（敬辞、謙辞）が残るのみで、気づかれにくいのですが、相手の呼び方に上下関係などの「関係性」の設定が現れていることがわかります。

「你姐夫《ニージエフ》」

日本でお笑い芸人が街角インタビューで、道行く中高年女性を「お母さん」と呼んだりします。中国語では、「姐姐《jiě jie》（お姉さん）ジエジエ」や、「阿姨《ā yí》（おばさん）アーイ」、「叔叔《shū shu》（おじさん）シューシュ」は血縁でない人に使うことはありますが、自分のお母さん以外の人を「妈妈《mā ma》（お母さん）マーマ」と呼ぶことは基本的にありません。

私は、恵まれない子供たちへの支援活動を通じて武漢市の国際友好協会の方と親しくなり、よく彼女の家に呼んでもらい遊びに行きました。彼女は三姉妹の三女でしたが、国慶節休みに長女の方の家に誘われ、行ってみるとその義兄さんは湖北省の幹部ということで、住まいは瀟洒な一戸建でした。家族の和やかな集まりの食後、長女の方が優しく私の肩に手を置いて、「你姐夫《nǐ jiě fū》（あなたの義兄さんはね）…」と話し始めました。あまりにびっくりして後の話は何を言われたか覚えていません。つまり、「実の妹扱いしていますよ」という「関係性」の表示です。

「頑張って」

現在教える國學院大學の大学院で「言語行動」の先行研究の一つとして、中国人留学生が、「日本人の挨拶」でどんなことばに違和感を持つかという研究[4)]を紹介しています。この研究結果には違和感を持つことばの一つとして「頑張ってね」が挙げられています。中国人の院生たちに確認すると、「はい、すでに日々頑張って、頑張っているのだからこれ以上何を頑張れと言うのかという気持ちになる」とか、「上から（目線で）言われている感じがする」という感想が聞かれました。お医者が患者さんに「頑張って」と言ったら、突き放した感じになります。ただ、多くの日本人は、「頑張ってね」を家族や友人に善意をこめて普通に使うのではないでしょうか。（皮肉を込める場合は別として。）まして異国で暮らす留学生に対しては、心からの励ましが多いのではないかと思います。

このほか、「この前、どうも」や「すみません」などがあり、日本人の気軽なあいさつの解釈に苦しむ留学生もいることは気にとめておく必要があるようです。

言語行動

私はアメリカでも一年暮らしましたが、「言語行動」の差に対する驚愕は、中国生活の方がはるかに大きかったです。

滞在の長さの問題だけとは思えない、古い文化や風習の残影、政治制度の差が見えました。

日本では、ものごとがかなり規定通りに進みますが、中国ではたとえば、雨でもないのに、当日の朝、運動会の延期が伝えられるとか、日本人講演者をお呼びして日本講座を開き、予約していた教室に行くと別の部屋へ行け、今使用中だと言われ驚く。外国人教師たちは「あのランダムイベントなんとかならないのか」とぼやいていました。かなりフレキシブルでなくては乗り切れません。臨機応変。しかし驚くべき進行にも学生たちは慣れっこのようでした。

中国人の行動[5)]や言語行動[6)]に関する研究はかなりあり、中国人の行動様式は「面子・関係・人情」で、言語行動としては、ものをはっきり言う、謝らない、日本人は相手に察してもらう断り方をするなどと言われます。それらはポライトネスの観点などから説明されています。高橋（2012）[7)]で、中国語では「理由を説明したりした時点で謝罪行為が成立する談話もあるのではないだろうか」と指摘しています。つまり謝罪行為は経済的な補償などにも発展することもあるため、両国はそれぞれ謝罪を行うべきか否かを判断する基準も違い、謝らないのではなく、謝り方の違いということも考えられるということです。日本人は「すみません」と軽々しく謝罪したり、お礼の意味としても使います。

また話を聞く時、日本人はあいづちをよく打つが、中国人は孔子以来の教えで人の話は「黙って聞く」ことをよしとするため一般的に中国人のあいづちを打つ回数は、日本人より少ないと言います[8)]。そのことを知っていても、中国の大学で授業をしていると学生がうなずいてくれないのが不安で、「わかりましたか、わかりましたか」とつい聞いてしまうこともありました。でも実際にはむしろ、しっかり聞いてくれていたのです。

非言語行動（ことばによらないことば）

第一章に書いたように、市場で、10元か4元か紛らわしくてわからない時に、おばさんが武漢語で「10块钱《スーグワイチェン》（10元）だよ」と言いながら、両手の人差し指で「十」の形を作って見せてくれました。指で作る数字の表し方も日本とでは、6～10が全く違います。

中国語では非言語行動の訳語は体態語、身勢語、体勢語、肢体語、態勢語、身体語言とたくさんあります。非言語行動には、表情、しぐさ、目つき、パラ言語（声の高さ、イントネーション、ポーズ、声質といった言語以外の周辺的側面）、対人距離など様々な要素があり、たとえば、中国人は高接触文化、日本人は低接触文化だと言われます。日本人は心理的負担を思いやり、中国人は親しさを強調するからです[9]。日本では小中高ぐらいまでは同性同士で腕を組んで歩くというのは、あるかもしれませんが、おばさん同士が腕を組んで歩くというのはまず見かけません。武漢の大学の国際交流係の女性の先生にニコニコと腕を組まれたことがあります。親しみを表す行動だとわかっていても日本人としてはどうもムズムズしてしまうものです。

は無口、大阪人はつっこみ好きといった傾向があり、形式化されたさまざまな挨拶があるといったことが書かれています。従来の方言研究は意味や形、文法を取り扱うことが多かったが、お礼の言い方や頼みごとの仕方、挨拶の方法、話の進め方や会話の展開のさせ方（言語行動）が地方によって違うということです。

日中言語行動の対照研究も、その多くは「日本は…中国は…」と大きなくくりで進められてきました。しかし国土も広く方言差の大きい中国、今後はもう少し地方差を考慮していく必要があるでしょう。そのことがわかるのが羅（2018）の研究[13)]で「これまでの研究では中国人の相づちは非常に少ないとされていたが、天津地方では多く、天津の漫才文化と関係している。」と言っています。天津は「相声《xiàngsheng》（漫才）の都」として有名です。

永く忘れない

「ありがとう」を言うか言わないかに関しては、基本的に日本人は「親しき仲にも礼儀あり」と考え、「ありがとう」と言うようしつけます。中国人は親しい間柄には「ありがとう」をあまり言いません。学生にPCの不調を見に来てもらいお礼を言うと、こんなことでお礼を言うのは「見外《ジエンワイ》（水臭い）」と却ってがっかりされたことがあります。また日本人は、何か戴くとすぐにお返しをしなくてはと思うでしょう。日本に一年住んだことのある武漢大学の中国人の先生が、日本滞在中にお隣さんにお茶をあげたら、翌日すぐにお返しがきたことを「冷たく」感じたとおっしゃっていました。中国人は「永く覚えておいて」返してくれることがあります。

華中科技大学である学生が入院したと聞き、私はその人の親友に比較的高額のお見舞い金を預けました。無事退院してきた時、「お見舞いありがとうございました」という一言がなかったので、一瞬、「あらっ？」と思いました。日本人なら、お礼を言いそれでこちらも良かったですねと返す。彼女が卒業し広州で就職し、1～2年経った頃だったか、会いたいと連絡がありました。大学に戻ってきた彼女はお茶とお菓子を携えていました。私にとっては、すでに記憶の底に沈みかけたこと、もちろんお礼の品など期待していません。

このすぐお礼は言わなくても、「永く覚えている」「返せる時になったら返す」ということに静かな感動を覚えました。これが中国式の一つの「ありがとう」です。最初のお給料で御馳走しに帰ってきてくれた学生も何人もいました。

全国から来て、長い休みになるまで故郷には帰れず寮で暮らす武漢の学生たちと違い、上海の大学では裕福な上海人学生が多く、週末は親元に帰るので濃い師弟関係は育ちにくく、比較的ドライでした。上海の学生は作文の中でも海外旅行の思い出が書かれ、誕生日にフェラガモのカバンをもらった、SNSにも「映える」写真という状態。どちらも中国の名門大学でしたが学生の持つお金への価値は全く違っていました。でも、上海の学生は、政府が食品ロスをうるさく言うようになり（2021年には立法化）、一緒に鍋物を食べに行った時、「もっと注文していいよ」と言っても、「いいえ、食べてからにします」と、伝統文化と反するエコな姿勢を見せてスマートでした。

最後は武漢と上海の学生気質の違いについてでした。

第8章 心の中の大舞台
―広告のことばと「言語生活」

風が吹けば桶屋が…もうかることもなく、個人のバケツにも風雨が吹き寄せることがあります。2012年日中間で敏感な問題が発生した時期には、授業以外には日本語を使わないように、キャンパスの外には出るなと注意を受けたこともありました。狂気に満ちた一カ月半後に大学の外に出ると、日本製品不買運動の赤い垂れ幕が風に吹かれて垂れ下がっていました。

上海で住んだ旧フランス租界のアパートには、公安が来ました。2022年に亡くなった国家指導者の子息の邸宅が窓から見えるところにあると、近所のおばさんが教えてくれました。上海の大学の教室には監視カメラもあり、張りぼてかと思っていたら、授業を早めに終わってお叱りを受けたこともありました。武漢のゲストハウス（大学内のホテル）では、毎日服務員さんが掃除に来てくれて楽な反面、ゴミ箱の中までチェックされている感がありましたが…

特に隠していることがないので、多くのことにはすぐ慣れました。文化だけでなく政治・国情の違いが存在し、風に当たることも免れませんでした。社会とことばの関係の考察ということは、研究にも制限が感じられることもあります。

さて、海外旅行に行ってもホテルで見るご当地のCMは面白いです。中国に行ったばかりの頃、テレビから流れてくるCMの画面からあふれ出す中国にワクワクしました。

当時、私の好きだったCCTVの公共広告の一つに次のようなものがあります。

雪の積もる田舎の雪道を少女がくるくる舞いながら、大都会へとやって来る。成長に従って、彼女の視野や活動の場は広がり…

每个人的心中都有大舞台，心有多大，舞台就有多大

Měigèrén de xīnzhōng dōu yǒu dàwǔtái, xīn yǒu duōdà, wǔtái jiù yǒu duōdà

誰もが心の中に大舞台を持っている。心が大きければ／視野が広がれば、それだけ舞台も大きくなる

というキャッチコピーが現れます（中央電視台のCM）。
https://www.bilibili.com/video/av757856104/

他によく目にしたCMは車や薬、お酒・インスタントラーメン、清涼飲料水、化粧品、洗剤や石鹸・シャンプー、ボディソープ、子供のお菓子やおもちゃ、マクドナルド（麦当劳《Màidāngláo》）、ケンタッキー（肯德基《Kěndéjī》）…日本と同じように見えますが、商品項目だけでも多少違います。日本ではすでに「石鹸」のCMは見なくなっていましたし、反対に中国ではボディーシャンプー（沐浴露《mù yù lù》）のCMが多く、スーパーの棚にも日本より多く並んでいました。中国市場に参入した外国企業たとえばトイザラス（玩具反斗城《Wánjùfǎndòuchéng》）や、P&G（宝洁《Bǎo jié》）やColgate（高露洁《Gāolùjié》）などが盛んにCMを流していて、その社名の訳語も興味深く感じられました。

そんなこともあり、現在の大学院の授業では日中の広告ことばの違いについても扱います。日本語にしても中国語にしても、CMのことばの面白さが理解できるかどうかは、言語習得の到達の指標にもなると考えています。

日中の広告キャッチコピーの違い

日中の広告文化の違いについては、すでに様々な研究があり[1～5]導き出された考えを整理すると、(1) 日本語はオノマトペ、中国語は詩的な表現や成語を使ったものが多く、(2) 機能による文の使用に差があり、(3) 中国は対称（四＋四など）を好み、日本は非対称（五七五など）を好むということです。少し詳しく見ていきましょう。

1. 日本語はオノマトペ、中国語は詩的な表現や成語

日本の広告

日本の広告にオノマトペが多用されていることはすぐに思い浮かぶのではないでしょうか。「オノマトペ」が、商品の物性をよく表現していて、商品の概要を説明する効果があって消費者行動につながると言います（隅田 2019）[6]。たとえば、

(1)「チン！してふくだけ」〈小林製薬〉
(2)「♪さー らりとしたぁ、うーめーしゅー♪」
〈CHOYA の梅酒〉などなど。

日本語は食感を表すオノマトペや、つるん、ぷるぷるといった触感を表すオノマトペが豊かなので食品や化粧品など

の広告に使われます。

中国の広告

詩的な表現や成語

（1）情系中国结，联通四海心。
Qíng xì Zhōngguójié, Liántōng sìhǎi xīn
心を中国に結ぶ聯通（チャイナユニコム）は世界を繋ぐ。　〈中国聯通／チャイナユニコム〉

「中国结《Zhōngguójié》（中国結）」は、心をつなぐという意味と、チャイナユニコムのロゴである中国手芸の「中国結び」とかけてあります。聯通《Liántōng》は社名でもあり、動詞としてもつなぐという意味で使われています。四海は世界です。「中国とつながり、世界に通じる」と前後が対句になっています。

（2）新春新意新鲜新趣，可喜可贺可口可乐。
Xīnchūn xīnyì xīnxiān xīnqù, kěxǐ kěhè Kěkǒukělè
新春の新意、新鮮新趣向、コカ・コーラは喜びとともに。　〈可口可楽／コカ・コーラ〉

新春のおめでたい雰囲気が前半の新春などの文字や、後半の「可喜可賀可口可楽」という文字からも感じられます。x音 [ɕ] やｋ音 [k^h] の連続が早口ことばのような音楽的リズムも生み出しています。可口可楽（Kěkǒukělè コカ・コーラ）は日本でも有名な音訳語です。

（3）万事俱备，只欠东风。

Wànshì jùbèi，zhǐ qiàn Dōngfēng

全て揃った。あとは「東風」が吹くのを待つだけだ。

〈東風自動車〉

これには明の羅漢中『三国演義』第 49 回に出典があります。こうした広告文は対句や、典故や掛詞（双関《shuāngguān》）の修辞法が使われ、音声的にも整っていて、見る人に親しみを感じさせ、伝播力もあります。中国特有のバランスの取れた美しさがあります。

（4）完美无瑕，无“屑”可击。

Wánměi wúxiá, wú “xiè” kě jī

完全無欠、はらう「フケ」無し。

〈清揚フケ取りシャンプー〉

「无屑可击」は成語の「无懈可击《wú xiè kě jī》（無懈可撃／非のうちどころが全く無い）」と同音（諧音）です。実はこのタイプの「成語と同じ音で、内容に合わせて一字だけ換える」タイプ（語呂合わせ）の広告は大変多いです。覚えやすさは抜群です。

2. 文レベル

中国語では

命令や願望を表す文が好まれます。

（1）治感冒，快用泰诺。

Zhì gǎnmào, kuài yòng Tài nuò!

風邪を治すなら今すぐタイレノール（を使って）！

〈强生制薬《Qiángshēng zhìyào》／Johnson & Johnson Tylenol〉

（2）胃痛，胃酸，胃胀，快用斯达舒胶囊。

Wèitòng, wèisuān, wèizhàng, kuài yòng Sīdáshū jiāonáng。

胃の痛み、胃酸、胃もたれには、今すぐスダシューカプセル。　〈修正薬業の胃薬「斯達舒」〉

（2）保护嗓子，请用金嗓子喉宝。

Bǎohù sǎngzi, qǐng yòng Jīnsǎngzi hóubǎo

喉の保護にはどうぞ「金嗓子喉宝」をご使用ください！　〈「金嗓子」のど飴〉

これらの薬の宣伝は、短い CM が男性の野太い声で 2 度か 3 度繰り返されるので耳に残り、覚えやすいです。中国では、命令文や願望を表す請願文が、特に医薬品の領域ではよく使用され、その強めの語気にむしろ権威性があって人々の信頼を得ることができるのだそうです。一般的に前文に状況を説明、後文に商品名を入れるというパターンです。

一方、日本の広告は、請願文や命令文は少なく、礼や謙譲を美徳とする日本の文化と関係していて、個人の意見を押し付けることをあまり好まないと言います。しかし、野元菊雄『広告にみる時代のことば大研究』（1990 年、宣伝会議）を見ると、日本でも明治～昭和初期の広告には禁止文や命令文が使用されています。新聞広告の研究ですが、キャッチフ

レーズ（惹句じゃっく）が大事だったとして、

(4) 明治 45 年ライオン歯磨き：洗面する時必ずライオン歯磨きを用いて口中を清潔にすることを忘れ<u>給ふな</u>！
(5) 大正 3 年三越：三越呉服店は十月一日を期し、此新宿館を開放す。其一刹那より永久に渉って華客各位のご来臨の益々繁からんことを<u>希ふ</u>。
(6) 大正 9 年化粧水：化粧水御園四季の花をおつけ<u>遊ばせ</u>。…さればお年長（としかさ）の方々にもお若い令嬢方にも何より重宝でお徳用の白粉で御座います。

などが挙げられています。

省略句

中国語では普通、日本語ほどには主語を省略することはできませんが、広告ではよく主語の省略が見られます。

(1) 就是要你白。
Jiùshì yào nǐ bái。
あなたを白くしたいの　〈白大夫化粧品〉
(「私」または「化粧品」が主語)

(2) 闪出健康光彩。
Shǎnchū jiànkāng guāngcǎi
健康な髪の輝きを放たせる
〈潘婷《Pāntíng》洗《xǐ》发《fà》露《lù》／パンテーンシャンプー〉

3．中国は対称を好み、日本は非対称を好む

中国は対称を好む

（1）寒冬藏箱里，暖春送人间
Hándōng cáng xiānglǐ, nuǎnchūn sòng rénjiān。
冬の寒さは冷蔵庫の中に、春の暖かさを人の世に。
〈上菱冰箱／上菱印の冷蔵庫〉

冬と春の対句になっていて五言絶句のようなリズム感があります。

（2）中国平安，平安中国。
Zhōngguó Píng'ān, Píng'ān Zhōngguó。
中国は平和、「平和（保険）」は中国を平和にする。
〈平和保険〉

簡潔な四＋四字で、「平和」が「平和保険」という固有名詞、形容詞、動詞として使われていて多重の掛詞になっています。もちろんリズム感があって覚えやすいです。

日本は非対称を好む

（1）飾る日も 飾らない日も 三越と
（2）セブンイレブン、いい気分

これらは、五七五と七五ですから、五＋五や、四＋四を好む中国語と違うことがわかります。日本は建物や料理の盛り付

けも対称より、「三分の空白」を好むとされます。昔、私は小原流の生け花を習っていましたが、「対称型」と名付けられた活け方があり、名称は「対称型」なのに、左右「三対二」のような非対称でした。

公共広告

次に公共広告について考えます。

日本のテレビ CM は米国のような比較広告がきわめて少ないと言われます[7)]。

中国の広告には「家文化」が込められていて、春節間近になると特に「家へ帰ろう」とか、一家で春節を過ごす CM がよく見られます。春節晩会（中国版紅白歌合戦）でも春節の団らんの歌が必ずあって、「常《Cháng》回《huí》家《jiā》看《kàn》看《kàn》（しょっちゅう家に帰ろうよ）」という歌は誰でもが知っています。公共広告でも「親の顔を見に帰ろう」という有名な広告があります。

（1）别让你的父母感到孤独，常回家看看。
Bié ràng nǐ de fùmǔ gǎndào gūdú, cháng huí jiā kànkàn。
両親を寂しがらせてはいけない。家に帰ろうよ。

料理を作って帰りを待つ老いた母親に、息子や孫、娘から電話。「急に用事ができて帰れなくなった。」息子も娘も忙しいという。テーブルに何品目も作られた料理は冷えて行き、老いた母親は一人テレビの砂嵐が出るまで、ソファにうずくまって見ている…。

https://www.bilibili.com/video/BV187411n7GB/?spm_id_from=autoNext

中国の公共広告の種類には、「環境保護、資源、教育、社会道徳と倫理、家庭、福祉、社会病理、ボランティア、その他」の９つのタイプがあるとされますが、心に訴えてくるように制作され、また何度も流されるので記憶に残ります。ただ、逆に言えば、それだけ「訴える必要性」があるということを示しています。

中国で問題となった広告

中国の文化的タブーに触れ、抗議を受けて謝罪した日本の広告があります（福田 2008)。

（1）トヨタ「覇道（プラド)」の広告。
「あなたは、覇道（プラド）を尊敬せざるを得ない」と獅子が車に敬礼している。

（2）日本ペイント（立邦漆）の広告。
日本ペイントのペンキで塗った柱があまりにツルツルで龍が滑り落ちているという構図。

中国の広電総局 2004 年の「テレビ放送管理規則」第６条には、「祖国の伝統文化を尊重しなければならない」、第７条には「民族習慣を風刺してはならない」とあって、文化的禁忌（タブー）に対する大きな相違が存在していることが指摘されています。日本の CM は遊び心やサプライズを好みますが、中国には浸透しておらず、アメリカ・ナイキも龍タブーを侵し批判を浴びたそうです。

一方で成功例は、同じトヨタで

（3）车到山前必有路，有路必有丰田车。
Chē dào shānqián bì yǒu lù, yǒu lù bì yǒu Fēngtián chē。
車が山にぶち当たっても必ず道がある、道あるところにトヨタ車あり。

前半の「車到山前必有路」は「障害に当たっても必ず道は開ける」ということわざです。中国のことわざをうまく利用している上に、後文が前文のしりとりになっていてリズムが良いです。

日本の広告の中の破格の文法とマンションポエム

新聞の折り込み広告や、電車の中吊り広告で「麻布**を**住まう」とか、「恵比寿の空と生きる」・「洗練の高台に暮らす」といった広告を見かけます。前者は、破格の文法と呼ばれるもので、後者はマンションポエムと呼ばれています。破格の文法は読む人に訴える力があるため、マンションポエムにも出てきます。

破格の文法

「麻布**を**住まう」は破格の文法の一つで、北澤（2016）[8)]では「非名詞類に格助詞等が後接する破格の表現」もあると指摘しています。つまり、

（1）なんにもしないをするの。

〈古居利康　西武百貨店〉

「矛盾語法」文相当句に直接，格助詞「を」が後接。

（2）ロマンチックが、したいなぁ。

〈糸井重里　サントリー〉

（3）男の子のカワイイは、アテにならない。

〈山口広輝 クロスカンパニー〉

などのように、文法に則った規範的な表現からの意図的な逸脱によって，キャッチコピーとして読み手の注目を浴びるための技巧的表現です。

マンションポエム

マンションポエムとは「マンション広告に見られる詩的なキャッチコピーのこと」（大山 2018）[9] です。

（1）「洗練の高台に、上質がそびえる」

〈野村不動産「プラウドタワー白金台」〉

（2）「人生に南麻布という贈り物」

〈三井不動産レジデンシャル「パークホームズ南麻布ザレジデンス」〉

確かにポエム風です。マンションを探している人の心をくすぐるかもしれません。

大山（2018）の形態素解析結果では、マンションポエムの中の頻出語は（1）街、（2）都心、（3）暮らし、（4）緑、（5）邸宅、（6）豊か、（7）地、（8）駅、（9）美しい、

（10）都市、（11）東京、（12）誕生、（13）自然、（14）エリア、（15）歴史、（16）レジデンス、（17）暮らす、（18）生活、（19）徒歩、（20）住まい　だそうで、「街像をすくいとって増幅させて謳い上げる」のがマンションポエムだそうです。

広告と説得力

つまりどうすれば、ことばによって他者の心や行動に影響を与えることができるかという研究（新井 2007、2008）[10) 11)] では、子供を静かにさせるため「静かにしなさい」と言うより「テレビで○○レンジャーが始まるよ」（命令文 VS 平叙文だが行動を促す文体）の方が効果的で、人は自分にとって「関連性」がより高い発話に耳を傾ける、関連性を高める効果として認知効果のほかに、詩的効果が重要だそうです。サンフランシスコ国際空港に着陸する直前に、「皆様の右（左）手にゴールデンゲートブリッジがご覧になれます」というアナウンスが流れ、その意味するところは「橋の美しさ／長旅お疲れ様でした／お帰りなさい／etc.」といった多重の意味を含んでおり、広告のキャッチフレーズにはこの短くて詩的な効果を利用したものが多くみられるということです（新井 2006、2007）。

中国ではどうかというと、前述の広告の例でも詩的であることが幅を利かせていることがわかりますが、マンション広告文の例[12)]

（1）生活在水岸停泊
Shēnghuó zài shuǐ àn tíngbó
（川岸に停泊する。水辺の暮らし）
（2）并非世外，确实桃源
Bìngfēi shìwài, quèshí táoyuán
（この世のものではない、まさに桃源郷）
（3）南国明珠-都市人的心灵居所
Nánguó míngzhū-dūshì rén de xīnlíng jūsuǒ
（南国の真珠－都会人の心の居場所）
（4）东方帝园 - 城市中心点，品质生活
Dōngfāng dì yuán-chéngshì zhōngxīn diǎn, pǐnzhì shēnghuó
（オリエンタルエンペラーガーデン―都心の高品質生活）

といった表現を見ると、やはり夢を持たせる謳い文句です。武漢での観察でも、そもそもマンション名として「巴《bā》黎《lí》豪《háo》庭《tíng》（パリの豪邸）」とか「塞纳《sāinà》河畔《hépàn》（セーヌ川のほとり）」、「华公馆《huágōngguǎn》（華公館）」、「王府《wángfǔ》花园《huāyuán》（王家の花園）」などの洋風あるいは復古調（再封建化）の名前も並んでいて、イメージが膨らむのだろうと思われました。

言語生活

広告のことばは、広告学やメディア研究、デザイン研究などの面からもされていますが、日本では「言語生活」の一部として注目されてきました。真田（2006：72）[13] による

と、「言語生活」という概念は、日本（国語学）独自の概念で、日本の社会言語学は、まずは言語生活研究として出発し、国立国語研究所も国民の言語生活に関する調査と研究などを目的として設置されました。『言語生活』という雑誌（1951～1988年、筑摩書房）も出版されています。

実は、この「言語生活」が今中国では盛んに研究され、2005年からは、毎年国家の緑皮書（ことば白書）として『中国言語生活状況報告書』が商務印書館から出版されています。中国における言語の現状分析を基礎に理論的考察を行い、政策提言をすることを目的としています。これを見ると、中国の言語の動態を知ることができ、言語の問題にとどまらず、中国社会の複雑な構造とことばの問題が見えてきます。毎年ほぼ（1）その年の特別報告、（2）特集編（国家プロジェクトなど）、（3）領域編（方言や具体的な言語調査など）、（4）ブーム編（その年の話題となった言語現象）、（5）新語編、（6）香港・マカオ・台湾編、（7）参考編（海外の言語政策など）、（8）付録（関連法律など）といった構成になっています。扱われる内容は言語生活、言語計画、言語規範、普通話（標準語）、言語による国家の調和、言語資源、言語運用、言語意識、世界の中国語、方言、危機言語、少数民族言語、バイリンガル教育、アルファベットの表記問題などなど多岐にわたり中国の社会言語学を豊富にしていると言います。「中国言語生活状況報告の十年」[14)]をまとめた祝暁宏暨南大学准教授（SNS友）に話を聞くと、日本から来た「言語生活」という研究概念がいま中国では「昼間の太陽のような勢い」と表現していました。2015年度版と

2016 年度版は日本語版が出ています。

広告の話に戻ると、この 2015 年版の付録に、国家新聞出版広電総局の通達（広発 2013 年 96 号）があって、前述のような広告に使われる「成語の改ざん」は未成年の成語の学習に悪い影響があるため、是正しなければならないとしています。しかし、成語をちょっとだけ変えた語呂合わせ的な広告のキャッチコピーは記憶に残りやすいため、徹底的には、なくならないのではないか、注目したいと思います。

第9章 武漢なまりなつかし―コロナ禍の「言語サービス」と言語博物館

2020年1月、武漢を離れて7年後、あの懐かしい武漢語の響きを聞くのが、コロナに襲われた街からの叫びにも似た報道の中であるとは思ってもいませんでした。その声はあまりにも悲しく胸に響きました。

実は、様子がおかしいことには、2020年1月に入ってすぐ、中国で最も使用されているSNSである「微《ウェイ》信《シン》(WeChat)」で、チャイナデイリーモバイル版の中国語と英語で書かれた「武汉病毒性肺炎疫情，病原体初步判定（武漢のウイルス性肺炎についての初歩的判定)」(2020年1月9日）という記事[1]を見て気づきました。中国語と英語で、「冠状病毒（coronavirus /kəˌrəunəˈvaiərəs/）コロナウイルス」とか、「这类病毒颗粒的表面有许多规则排列的突起（a fringe of bulbous surface projections)，整个病毒颗粒就像一顶帝王的皇冠（royal crown)，因此得名"冠状病毒"。(このウイルス粒子の表面には、多数の突起が規則正しく並んでいて、ウイルス粒子全体が王冠に似ていることから、コロナウイルスと呼ばれる)」といった説明がされていました。

わたしは、その記事をすぐタイムラインで中国の友人たちにシェアしました。

武漢のロックダウンと医療コミュニケーションのためのツール

それから間もなく、家族が集まり一年で一番楽しいはずの中国のお正月（春節）の１月23日、武漢は都市封鎖されました。友人のある医者は第一線の病院に行くことになり、検査技師であるその妹も、顔に跡が残るマスクをし、防御服姿で仕事に立ち向かう写真を自分のSNSにアップしていました。たおやかな友人には不釣り合いないで立ちでした。１月下旬、日本も「対岸の火事」ではなくなりましたが、私は、武漢の友人知人、教え子、市場のおじさんおばさんに至るまで顔が浮かび日々情報をチェックしました。警鐘を鳴らして、若くして亡くなった李文亮医師は、武漢での初めての教え子と同じ年です。同時期の武漢にいて、彼の通った武漢大学にもよく行ったのですれ違っていたかもしれないと思いました。

そんな当地の情報をチェックしていた中で、中国全土から支援に向かった延べ４万人と言われる医療従事者たちと武漢や周辺地域の患者たちとの間で、方言の違いによるコミュニケーションギャップが起きていることを知りました。医療従事者は現地の方言がわからないし、お年寄りは医療従事者の、普通話《プートンホア》（標準語）がよくわからない。まず救援に入った山東大学の医療チームが48時間で『湖北方言実用ハンドブック（国家援鄂医療隊武漢方言実用手册』）」を作りました。２月の中旬には、湖北方言理解ツール「コロナと戦う湖北方言通（抗撃疫情湖北方言通）」が、北京語言大学、武漢大学、華中師範大学、清華大学などの専門家と企業との連携によって開発されました。これはガイドブック（紙媒体）、オンライン、TikTok、Wechat 版などのバージョンがあり、オンラインでは病状や既往症、接触史、患者から医者への質問、心理的表現、症状の表現などが、普通話と湖北省内の９つの方言（武漢、黄岡、孝感、宜昌、荊州、咸寧（咸安）、襄陽、黄石、鄂州）の対照で録音されていました。

湖北省内の方言は西南官話、江淮官話と贛方言があり、互いに似ているものもあれば、黄岡（ホアンガン）市の方言は、普通話《プートンホア》が声調４つなのに対して、声調が８つもあります。

2022 年現在、すでにこの方言音が聞けるサイトはアクセスすることができませんが、ロックダウンから１カ月もたたない異例の速さでコミュニケーションのためのツールが開発されたのは驚くべきで、私は「中国の IT の技術力と方言学などの専門家たちの努力の結晶です」と日本の社会言語学者の先生方に興奮気味に知らせました。その後、大分大学の包聯群先生が「新型コロナウイルス感染症流行期における中国の言語対策」として「社会言語学」（2020.11）などの論文としてまとめられています。

この湖北方言理解ツールの開発は、国家が提供した「言語サービス（语言服务《yǔyánfúwù》）」の一環です。

言語サービス（語言服務）

言語サービスとは、言語を使って社会にサービスを提供することです。中国で「言語サービス」とは、「政府が言語政策を決め、文字や言語の規範化を行い、言語資源を保護し、言語の科学的研究を通して社会や家庭、個人に言語のサービスを提供すること」だと考えられています[2)]。

このコロナという未曽有の災害に対する中国での言語サービスとして、前述の（1）湖北方言を理解するための『抗撃疫情湖北方言通』（2020年2月中旬）に続いて、（2）中国在住外国人のために『疫情防控外語通（コロナを防ぐための外国語通）』（2月27日）、そして（3）『疫情防控“簡明漢語”（コロナを防ぐための**やさしい中国語**）』（2020年3月12日）が公開されました。

実は、2018年から現在の大学院の講義でも日本と中国の言語サービスの対照について論文も紹介していたのですが、コロナのパンデミックが起きる以前は、中国では産業翻訳・旅行業に関するスローガン的な論考しかみられませんでした。北京五輪や上海万博においても「言語サービス」の議論の深まりが感じられず、そのため、上記のような武漢の方言理解や外国人とのコミュニケーションのための3つのツールという成果が短期間に生み出されたことは非常に画期的なことでした。

そしてもう一点、特筆しなくてはならないのが、3番目の「やさしい中国語（簡明漢語）」が、日本の「**やさしい日本語**」を参照して生まれたという点で、李宇明他（2020）に述べられています[3)]。（1）の方言ツールについては、日本の研究との関係は書かれていませんが、日本ではすでに「医療・看護・福祉と方言」という研究チームがあり[4)]、2011年の東日本大震災を契機に、災害派遣の医療者を支援するツールの作成の試みが行われており、こうした研究も下敷きになっていると思われます。

つまり、日本が受けた苦難と知恵が今回中国で生きたわけです。

やさしい日本語と「やさしい中国語（簡明中国語）」

日本での言語サービスの考え方として、河原（2007）では（1）外国人が理解できる言語を用いて、必要とされる情報を伝達すること、（2）外国人のアイデンティティを守り、多言語社会を維持発展させること[5)] としています。提供者は地方自治体で提供相手は新しく日本に来た外国人です。中国では言語サービスの提供者は国家です。

日本では1995年の阪神・淡路大震災を機に、在日外国人への言語サービスの提供が始まり、多言語対応だけでなく、外国人のための「やさしい日本語」[6)] の取り組みが活発化しました。

「やさしい日本語」については、すでにご存知の方も多いでしょう。文化庁の「やさしい日本語ガイドライン」（2020年8月）によれば、やさしい日本語は「難しいことばを言い換えるなど、相手に配慮したわかりやすい日本語」のことで、外国人だけでなくお年寄りや障害を持つ人たちにもやさしいと言われています。具体的には初級日本語3級程度の文法を使い、語彙は2000語ほどです。NHKでは「NEWS WEB EASY やさしい日本語で書いたニュース」[7)] がweb放送もされています。「NEWS WEB EASY」はニュースという性格上、固有名詞や専門的なことばなどの「言いかえのできないことば」もありますが、さまざまな工夫がされていることがわかります。ネットの新聞の文章などを打ち込むとやさしい日本語に読み替えてくれる「チュウ太のやさしくなーれ」といったツールなどもあります[8)]。観光でも利用されること（やさしい日本語ツーリズム）も増えていくはずでしょう。

一方、中国の「やさしい中国語（簡明漢語）」[9)]の内容を見ると、

（Ⅰ）語彙：

（1）専門用語は日常語にする、（2）俗語、ネット用語、成語は普通の表現にする、（3）方言は普通話（標準語）にする、（4）略語は元の形式にする、（5）できるだけオノマトペは避け、形容詞も単純な形式のものにする、（6）抽象語には例文をつける、（7）単音節の単語は二音節の単語にする。（例）可→可以、无（無）→没有、二音節のわかりにくいものは多音節で説明する。（例）独处→一个人的时候（一人の時）など。（8）あいまいなことば（可能《kěnéng》「かもしれない」など）を避ける。（9）語彙の基準はHSK（中国政府公認の中国語検定試験）の４級以内の1200語およびコロナ関連用語。

（Ⅱ）文法：

（1）原文にこだわらず同じ意味で書き直したり、言い直したりする、（2）長い文章はできるだけ短くする、（3）できるだけ簡単な叙述文、並列文、条件文にする、（4）一文には一つの情報のみとし、一組の主語＋述語にする、（5）長い修飾語の使用は避ける、修飾が長い場合は分割したり削除したりする、（6）受動文は能動

文にする、(7)叙述の時間の流れを逆にしたり、挿話をしたりしない、(8)二重否定や反語、質問形式や感嘆文を避ける、(9)明らかなる書きことばや話しことばは調整する、(10)公文書で使用するきまり文句は削除する、(11)HSK4 級程度の文法にする、(12)意味が通ってわかりやすい文にし、ブロークンな文は避ける。

となっています。

「やさしい日本語」と違うのは、「やさしい日本語」が、外来語(カタカナ語)はなるべく使わない、漢字の量に注意し、ふりがなをつける、絵、写真、図表などを使ってわかりやすくするといった点でしょうか。中国語の(10)公文書で使用する決まり文句は第5章で言及した「官僚ことば」の用語ともよく似ていてネット上に用例集がたくさん上がっています。

ことばの博物館

ことばを資源として見る—「言語資源」

第4章の「老人語」のところで、2022 年7月末に、中国教育部主催の「言語資源と言語サービス研究の実践 10年」というオンラインシンポジウムがあったと書きました。国家級シンポジウムで、本来ならば中国まで行かないと聞けない内容を自宅で聞くことができたのは、コロナ禍の不幸中の幸いです。

ここで、紹介されたのが、(1)**言語生活研究**(国家語言

58qVMrXHp230203.shtml（中国語）

私は、華中科技大学で、自分の授業の合間を縫って、中国語文学部の修士の授業などを聞きに行っていましたが、「方言学」の授業担当の先生に「中国では方言の保護はどのよう行われているのですか」と尋ねた時、「方言は自然に消滅していくものですよ」と答えが返ってきて絶句したのですが、現在では方言や少数民族言語の保護が行われ始めほっとしています。

ということでその取り組みの一つである言語博物館の旅にお連れしましょう。

言語博物館の旅

言語資源を保護する方策として中国では「言語博物館」が各地に建設され始めました。これも注目に値します。日本の社会言語学者井上史雄先生にお尋ねすると、日本でも、大阪の国立民族学博物館（みんぱく）が取り組んでいるが、各地の方言保護のためのことばの博物館の建設が待ち望まれるということです。民博の言語展示は私も見たことがありますが、コーナーとして設けられていて規模は小さいです。曹先生も「新時代の中国言語資源の保護実践と経験」の中で「言語博物館の建設」について話されましたが、まだ論文なども少ないです。調べると欧（2019）では、世界ではアメリカの National Museum of Language を始めとし、ノルウェー、カナダ、フランス、ポルトガル、ウクライナ等にも言語博物館があり、実体館のものとヴァーチャルなものがあって、アメリカはヴァーチャル館に移行しているそうです。

1. 文字の博物館

（1）「**湖南省江永女書生態博物館**」2004年にオープン。第3章に書いた「女書」の博物館で、この博物館そのものの公式ホームページはありませんが、「女書数字博物館（女書デジタル博物館）」があります。

http://www.chinanvshu.cn/

（2）「**中国文字博物館（中国文字博物馆）**」2009年、甲骨文字のふるさと河南省安陽市に作られ、ホームページ http://www.wzbwg.com/Szzb で、博物館の外観や展示の様子がわかります。第一展示室から第五展示室まであり、安陽市殷遺跡で発見された甲骨文の発見から1962年の簡体字表の発布までの漢字発展の歴史、少数民族の文字や漢字のIT化までの展示があります。ヴァーチャルで訪問したような画面が目の前に広がり簡単な説明が付いています。

2. 世界言語博物館

（1）**上海外国語大学「世界言語博物館（世界语言博物馆）」** 2019年にオープンしています。

http://www.shisu.edu.cn/discover-sisu/museum このホームページの一つ目の動画は中国語で二つ目の動画は英語による館内の説明で、女書も見えます。世界の文字や、語族による構造の違い、16種類の言語による朗読、言語交流のための翻訳の本質的な問題、言語のダイバーシティなどについて展示されていることがわかります。上海でも松江地区は郊外なので観光ついでに行くにはやや遠いかもしれません。
（2）**北京外国語大学「世界言語博物館（世界语言博物馆）」**
2021 年９月にオープン。いまオンラインのヴァーチャル展示室 https://www.wlmuseum.cn/xszt/ を準備中です。

3．方言・少数民族言語の博物館

（1）広東省「**嶺南方言文化博物館**」
2021 年９月にオープン。
https://haokan.baidu.com/v?pd=wisenatural&vid=12151082945812195392 こちらは大学付属ではなく広東テレビラジオ放送局が主導で建設。立派な建物であることが、この動画でわかります。広東語、客家語、閩語と嶺南地方文化に関して工夫を凝らした展示がされています。
（2）山西省「**太原方言博物館**」2021 年７月にオープン。「晋語」の博物館で、こちらは地方のニュースで紹介されている動画ですが、14 名のインフォーマントに聞いた音声や民間舞踊の「秧歌《yāng'ge》」などが保存・展示されていることがわかります。https://haokan.baidu.com/v?pd=wisenatural&vid=5391188988705617337
（3）広西省「賀州語言文化博物館」
賀州学院という大学の中に、2016 年オープンしています。客家語や、広東語などの賀州市付近の方言音の記録、1950 年代の全国中国語方言調査資料なども展示されているということ。動画はニュース映像です。

https://haokan.baidu.com/v?pd=wisenatural&vid=11405760791788273840

武漢ではまだ言語博物館はないようですが、もし建設されたら初めに書いたコロナ禍で開発された方言の医療表現などの録音やガイドブックが展示されるかもしれません。災害言語サービスの重要な成果物です。また、今後も各地で少なくとも中国の七大（あるいは十大）方言区に一つは作られてお披露目が次々始まることが考えられます。上海外国語大学や賀州学院などのように大学付属で作られるものと、嶺南方言文化博物館のように近くのテレビ局が主体となって周辺の方言音の保存に乗り出すもの、といろんなパターンがありそうです。

書記言語もそうですが、音声はこうして保存されなければ簡単に、永遠に消え去っていきます。方言や少数民族言語の研究者にとってのみならず 100 年 200 年…後の人たちへの贈り物にもなるのではないでしょうか。

第10章 百回、千回だって探す？
—「名前」ということ

中国で最も有名な検索サイトといえば、「百度《Bǎidù》（バイドゥ）」です。日本からは撤退したので知らない方もあるかもしれませんが、その社名「百度」の由来が面白いです。宋の時代の詞人辛棄疾《しんきしつ》の詞「青玉案」に「衆里尋他千百度《Zhòng lǐ xún tā qiānbǎidù》」（人混みの中で、あの人を百回も千回も探す）という句があり、そこから取ったと言われています。元宵節の夜の賑やかな通りで、あの人がいないかと何度も探して、ふと振り返ると灯りの下にあの人がいた、といったロマンチックな情景です。人混みで好きな人を探すという経験のある人も多いのではないでしょうか。検索サイトという高度な IT 技術を必要とする先端的な会社が、こうした古風な典故のある社名を付けたところが、実は中国式命名の特徴の一つです。これは社名ですが、商品名や人名にも注目しています。それは、なぜかといえば、注目することになったのは、「自転車」です。中国の大学は日本の大学の何倍もの広さがあり、華中科技大学は東西歩いて一時間はかかりました。そこで教室間の移動は自転車が必需品で（8年半で7台！も盗まれ最後は諦めて歩きましたが）、駐輪場で、ほかの自転車のサドルに「凤凰《fènghuáng》　自行车《zìxíngchē》（鳳凰自転車）」、「飞鸽《fēigē》（飛ぶハト）」、「千里《qiānlǐ》达《dá》（千里に達する／千里の馬）」といった鳥系、馬系のブランド名、また上海鳳凰のように「上海〇〇」という名称があり興味を持ちました。「上海」という地名にも品質・信頼のあこがれが見て取れます。「東京〇〇」のような感じです。そこで2008年に日中の大学生を対象に自転車や清涼飲料水を含む商品名の命名調査[1)]を行ったところ、日本人の学生には、まずコンセプトを考えて命名するが、中国人の学生には「千里の馬」のような「典故を好む」[2)]という特徴がみられたのです。また、調べるうちにそれは、中国の伝統的な命名法の一つであることがわかりました。もう一つの理由は、人名と役割つまり第5章で書いた「役割語」としての中国人の名前について研究したいと考えたからです。まず、日本人の名前について少し考えてみましょう。

日本人の名前

人の名前の命名（ネーミング）に関する研究も社会言語学（第9章で扱った言語生活）の扱ってきたテーマの一つです。

明治安田生命が1989年から生命保険加入者の契約情報を対象に「生まれ年別の名前調査」を行なっていますが、それを見ても、名前は時代と共に移り変わっていることがわかります。

2022年12月5日に発表された「2022年生まれの子供の名前ランキング」によると、男の子の名前では「蒼（あおい）」と「凪（なぎ）」がトップ、次いで「蓮（れん）」、女の子は「陽葵（ひまり）」がトップで、つぎに「凛（りん）」、「詩（うた）」でした。

明治安田生命名前ランキング「生まれ年別ベスト10」では大正から昭和・平成・令和と続く名前のベストテンが発表

されています。こちらをもとに以下にまとめます。

日本人男子名：https://www.meijiyasuda.co.jp/enjoy/ranking-2019/year_men/boy.html
大正：「正」の漢字と『清《きよし》』が人気。1912（大正１年）に『正一』、大正２は『正二』、大正３年は『正三』が１位になっています。「正」を用いた名前は『正雄』などもあります。『清』人気は時代からいっておそらく「日清」の「清」と関係しているでしょう。
昭和：昭和になると「昭」の漢字がついた名前が人気で、大正の「正」と同じく元号が名前に影響していることがわかります。日中戦争～第二次世界大戦中では『勇』『勝』『勲』『功』の勇ましい名前が並んでします。ずばり『勝利』もランクインしています。戦後は『博』『茂』『隆』。トップにはならないものの『豊』も時代の希望を反映しています。昭和30～50年代は『誠』がほぼ１位・２位と圧倒的な人気です。昭和35年に皇太子（現天皇）が誕生し『浩』が１位。昭和50年代には『大輔』、昭和60年代から平成一桁では『翔太』『拓也』『健太』。この頃から、「翔」「樹」「海」「翼」など自然をイメージする字が人気になり、『大地』や『陸』『海斗』『拓海』などが並んでいます。
平成：平成３年まで『翔平』が入っています。平成10年代は『大輝』『大翔』が人気に。平成18年の、悠仁さまご誕生以降、『悠斗』や「悠」の字のついた名前が増え、平成20年代以降は、『大翔』『蓮』『悠真』などが増えますが、『悠真』は「ユウマ・ハルマ」、大翔は「ハルト、ヒロト、ヤマト、ダイト、タイガ」などいくつもの読み方があるのも特徴です。また最近の傾向として『湊』『蒼』、『蓮』など一字名が人気です。『蓮』はすでに平成11年にはトップテン入りしているのですでに20年以上人気を保っています。2022年カタールのワールドカップでは、同安律《どうあんりつ》選手が活躍しましたが、日本語には語頭のラ行音の語彙が少ないと言われる中で、『陸』『蓮』『律』などのラ行音名が活躍していることは注目に値すると思います。女子でも『凛』ちゃんが平成14年頃から入っています。

日本人女子名：https://www.meijiyasuda.co.jp/enjoy/ranking-2019/year_men/girl.html

大正：『千代』『千代子』『文子』。またやはり『正子』や『清』『キヨ』もみられます。『ヨシ』や『ハル』などのカタカナ二文字、『きみ』のひらがな二文字の名前も特徴と言えます。

昭和：昭和初期～20年代：『和子』『幸子』が人気で、『昭子』も。和子は「昭和」の「和」の使用だと考えられます。また『節子』は貞節の節と考えられますが、戦争が激しくなると3位・4位にあるので「節約は美徳」と言われた時代とも関係があるのかもしれません。男子と違い勇ましい名前はあまりありませんが、第一次世界大戦開始の1941年以降には、『勝子』も入っています。昭和30年代は『恵子』、「美」のつく名前。上皇・上皇后のご成婚の年には『美智子』が4位に。昭和40年代には「～子」離れが始まり、『真由美』『明美』『直美』が人気になり、昭和50年代～60年代は『恵』や『愛』の一文字名が出てきます。

平成：平成一桁では『美咲』や『萌』など。平成10年代には『さくら』から『陽菜』へ人気が移っていきます。平成20年代以降は『陽菜』や「結」の漢字の名前。だんだんと花や楓、海や月などの自然のイメージが好まれるようになり、男子と同じく、読み方が昭和の和子や幸子のようには単純ではありません。「陽葵」は「ヒマリ、ヒナタ、ヒヨリ」といくつもの読み方があります。

ここからわかるのは、日本の男女の名前には「性差」があり、(「薫」や「みゆき」など男女に使用されるものもありますが)、元号改正や、戦争、またご成婚などといった社会の動きと連動し「時代性」もあるということです。中国ではどうでしょうか。

中国人の名前

中国の人名研究は1980年代に始まったといわれています。1966年から1976年の文革時代には多くの研究が中断していました。名前については1982年に実施された全国人口調査の資料をもとに、初の大規模調査が、中国社会科学院言語文字応用研究所と山西大学計算機科学部の協力で行われ、7つの省・市（北京、上海、遼宁、陝西、四川、広東、福建）から各地域2500人をサンプルにとって調査しています（『姓氏人名用字分析統計』1991年、語文出版社)。この調査によると、戦後1945～1982の間で、男性の人名でもっともよく使用された漢字20位までが順に、「明、国、文、華、徳、建、志、永、林、成、軍、平、福、栄、生、海、金、忠、偉、玉」で、女性の人名では「英、秀、**玉**、**華**、珍、蘭、芳、麗、淑、桂、鳳、素、梅、美、玲、紅、春、雲、琴、恵」です。太字で表わした「華」と「玉」を除いて人名用の漢字は男女による違いがあることがわかります。男性でも「華」が使われるのは、中華の華の意味です。

いくつかの研究をもとに時代差を見ると、建国初期（1949 年）には、「国」や「軍」という漢字が並んでおり、文化大革命期では、「紅」が急上昇します。知り合いに、中国でも植林活動で有名な「易解放」さんという女性がいます。易さんは、交通事故で亡くなった息子さんの遺志を継いで植林をされていますが、易さんは 1949 年生まれです。「解放」は中華人民共和国政権の成立を意味しています。そのころは「建国」や「建華」「愛華」といった名前も目立ちます。その後も、政治状況に合わせて「躍進」「超英（英国を超える）」といった名前が見られ、改革・開放後には、名前の「西洋化」が起きています。たとえば「彼得《Bǐdé》（ピーター）」など。特に国際都市上海で流行したようですが、上海交通大学の最初の教え子に「大卫《Dà wèi》（大衛）」君がいました。名簿を見て、「ああっ」と思い「デビッド君ですね」というと「はい、おばあちゃんが付けました」という返事でした。彼は 90 年代生まれですが、上海では、90 年代にこうした西洋化の名前が幼稚園児の 15%を占めるということも起きています。また、90 年代生まれでは、「玥、贇、曦、婕」などの「生僻字《shēngpì zì》（珍しい漢字、読めない漢字）」を使った名前も増加しています。ちょうどその時代の学生も教えたので、こうした難しい漢字の名前の学生もいました。順に

「yuè ゲツ，yūn オン，xī キ，jié ショウ」で、「赟」の繁体字は「贇」で、よく見ると文字の中に「文武」と「貝（財宝）」が入っていてご両親の願いがこもっています。これらは平凡な字を嫌い、辞書を探してつけたとも言われます。

また時代差だけでなく、地域差もあることがわかりました。詳しくは河崎（2017年中国語版、2023年日本語版出版）[1)] をご覧ください。2007年の「新民網」の調査によれば、中国で一番多い名前は「張偉」で29万607人、次が「王偉」で28万1568人だそうです。最近は日本と同じように、中国人の名前もバラエティに富み、男子では「子軒」「宇航」、女子では「雨欣」、「詩涵」などの文芸的な文字が好まれるようになっています（「2020年全国姓名報告」）[3)]。奇しくも日本でも「詩《うた》」が人気です。2020年の中国で使用頻度の高い字は「梓、子、宇、辰、一」です。

最初に書いたように、名前の研究は、役割語研究の一部として「その名前を聞くと人物像が浮かぶか」どうかということを確認したいと考えたからですが、研究を通じて、名前を聞くだけで性別やおおよその出生年代がわかるようになりました。こうした名前の特徴がテレビドラマなどでも応用されていることも観察できました。

犬猫の名前

名前への興味は犬や猫の名前にも及びました。中国でも犬猫を飼っている人にはその名前を聞いてみると「小白《Xiǎo bái》（白ちゃん）」とか「大黄《Dàhuáng》（きいろどん）」、猫は「咪《Mī》（ミー）」ちゃん、「小球《Xiǎo qiú》（たまちゃん）」といった色や形、鳴き声を表す名前もあることがわかりました。命名行為（ネーミング）については大学院でも話をしていますが、犬猫の名前の研究はこれまで中国ではありません。そこで中国人留学生に犬猫の名前を調べてレポートを書いてもらいましたが、データとしては十分ではなかったので、中国のペットの名づけサイト[4] を見てみると、先ほど挙げた白ちゃん、黄色どん、小黑《Xiǎo hēi》（黒ちゃん）などの色、点点《Diǎndiǎn》（ブチ）とか肥肥《Féi féi》（おデブ）、球球《Qiú qiú》（たまちゃん）などの**形状名**、それ以外にも、丁丁《Dīngdīng》（ティンティン）、当当《Dāngdāng》（タンタン）などの可愛い響きの**重ね型名**（パンダの名前や子供の時の呼び名「小名」も同じ重ね型です）。またLucky、Coco、lilyなどの**西洋名**またその漢字名である「艾莉丝《Ài lì sī》（アリス）」「迈克《Màikè》（マイク）」「雷欧《Léi ōu》（レオ）」など。それから「卡哇伊《Kǎ wa yī》（かわいい）, 皮卡丘《Píkǎqiū》（ピカチュー）、奥特曼《Ào tè màn》（ウルトラマン）」などの**日本語由来**のものや、そして特筆すべきは「包子《Bāozi》（饅頭）、布丁《Bùdīng》（プリン）、奶酪《Nǎilào》（チーズ）、雪糕《Xuěgāo》（アイス）」などの**食物系**があることです。

コロナ禍でオンライン授業だった時、中国人学生の画面に白いシャム猫が横切るので名前を聞くと「豆腐《Dòufu》」ちゃんでした。私がフォローしている台湾の「猫ユーチューバー」が飼っている白猫も「豆浆《Dòujiāng》（Soymilk）」で「豆乳」ちゃんという意味です。

中国語には「秀色可餐《Xiùsèkěcān》（美しくてうっとりする）」という成語（四文字熟語）があり、美人や景色の美しさを形容しますが、「食べちゃいたいほど可愛い、美しい」ということです。これは日本の猫や犬の名前ランキング（アイペット損保調べ)[5]でも、「むぎ」「チョコ」「マロン」「モカ」「きなこ」といった食べ物系が多いこととも共通しています。また、日本語でも「レオ」「ベル」などの洋風の名前がランクインしており、どちらにも洋風好きがあることもわかります。伝統的には日本でも猫の「たまちゃん」（丸い感じ）、犬の「シロ」など色や形状から名づけが行われてきたので、犬猫のネーミングには案外共通点が多いかもしれません。

中国人の姓と夫婦別姓

さて、中国人の姓に関して、前述した中国人民政府の「2020年全国姓名報告」の記事によれば、現在使われている姓は6000余りで、「王」「李」「張」「劉」「陳」の五大姓だけで人口の30.8%を占め、次いで「楊」「黄」「趙」「呉」「周」となっています。これらの姓は日本人にもおなじみの姓だと思います。中国にはほかにも「**複姓**」と呼ばれる司馬遷の「司馬《Sīmǎ》」や、台湾の歌手欧陽菲菲（オーヤン・フィーフィー）さんの「欧陽《Ōuyáng》」などの二字姓があります。「上官《Shàngguān》」「皇甫《Huángfǔ》」のように官職名から来たもの、「令狐《Lìng hú》」「諸葛《Zhūgě》」などのような地名から来たものがあり、「尉迟《Yù chí》」は北方鮮卑族由来の姓です。身近にも湖北省の方言調査に連れて行ってくださった華中科技大学の尉遲教授（退官後アメリカに移住された）、学生の友達に「上官」姓の人がいました。

複姓とは別に「**双姓**」と呼ばれる両親の姓を合わせた漢字を氏名の中に使ったものもあります。

たとえば張陳良とか、郭周などで、一人っ子政策の中で、母方の姓も継承されるための工夫です。実際私の学生にも

「陸楊楊（陆杨杨《Lù yángyáng》）」さんという人がいました。「陸」という姓と「楊」という姓が氏名の中に入っています。

双姓は両親の姓を合わせたものですが、双「姓」といいつつ、氏名の中に、両親の姓があるだけで、複姓のように二字の姓として認められているわけではありません（例外もあり）。

中国人は姓を非常に重んじますが、名前を呼ぶとき親子の間でも「姓＋名前」のフルネーム（例. 張陳良）で呼ぶことも多く、特別な場合を除いて相手をフルネームではほぼ呼ばない日本人とやや捉え方が違うと言えます。

中国の夫婦別姓

中国で夫婦別姓を法律で定めたのは、新中国が成立（1949年）した翌年（1950年）に公布された『中華人民共和国婚姻法』からです。これについては、2019年の日本語ジェンダー学会で「中国夫婦別姓の流れと家族の呼称」でパネラーとして発表しました[6)]。

1950年の「婚姻法」以前に中国の法律で夫婦の姓の問題が取り上げられたのは、1929年5月、南京国民政府公布の『民法』です。そこでは「冠夫姓」が定められました。「冠夫姓」とは、「夫の姓」＋「もとの姓」＋「氏」でたとえば「王張氏」というようにすることで、公文書にも女性は「王張氏」とだけ書かれ、名前も記されませんでした。そういう意味ではもともと男性側と「同姓」ではなかったことになります。香港・台湾では、清朝の法律が長らく改正されなかったので、たとえば先の香港行政長官「林鄭月《りんていげつ》娥《が》」女史の名前を見てもわかるように、自身の姓「鄭」の前に夫の姓「林」が付されています。こうした香港における「冠夫制」現象は特殊で、行政職や上流社会の人に多く、それはイギリス統治時代の習慣と名門の妻であることを知らしめるためだとされています[7)]。

1950年『婚姻法』第11条には「夫妻有各用自己姓名的权利（夫婦はそれぞれ自分の姓名を用いる権利を有する)。」と明記され、姓名の権利は平等になりました。この法律は数千年に及ぶ封建宗族制度打破を目的に、「婚姻の自由」、「一夫一婦制」、「男女の権利の平等」、「重婚の禁止」、「妾の禁止」、「売買婚の禁止」、「寡婦の婚姻（再婚）の自由を妨げてはならない」などの内容が盛り込まれています。

それでも、子供は父親の姓の選択が多い[8)]ことは続いていますが、「婚姻法」自体は時代に合わせて改訂され、1981年には「第十六条子女可以随父姓，也可以随母姓。（子女は、父の姓にすることができ、また母の姓にすることもできる)」と、子供が姓を選べることが付け加えられました。カナダで拘束されたファーウェイ（華為）CFO・孟晩舟女史（1972年生まれ）は、ファーウェイ創業者・任正非氏の娘です。弟は「任平」で父親の姓を名乗っていますが、彼女は16歳の時に（1988）母の姓「孟」を名乗るようになりました。なぜ彼女の姓に興味を持ったかといえば、孟女史は華中科技大出身であり、ファーウェイに教え子が何人かいるからです。

中国は1980年9月から一人っ子政策を開始し、2016年1月1日修正後の「中華人民共和国人口和計画生育法」

で、1組の夫婦に対して2人の子女の生育を提唱するようになりました。夫婦別姓に関してはすでに70年以上の歴史があり普通のことと捉えられていますが、今回、知り合いに「姓の選択」について聞いてみると、周りではやはり子どもは中国伝統の父親姓がいいと考えている人が多く、最近では上の子（特に男子の場合）は父親姓、下の子は母親姓というような例も徐々に増えているそうです。母側のおばあちゃんが孫の面倒を見ている場合も多くなり、その場合は二人目の孫を母親姓でというのは主張しやすいそうです。でも娘の三人の子（孫）の面倒をみている友人に考えを聞いてみると「孫たちに複雑な思いをさせたくないからお婿さんの姓でいい」ということでした。

どちらを選ぶかは伝統や、夫婦や親の力関係もありそうです。

夫婦別姓問題を扱ったドラマというわけではありませんが、1950年の「婚姻法」公布後に起きた混乱について、北京の老舗漬物屋を舞台にした『芝麻胡同（ゴマ胡同）』（2019年）というドラマに描かれています。旧社会が変化を起こす時の通りいっぺんではない人間物語があることを知ることができます。

第11章　ベルサイユのバラと中国語の新語

日本では12月になると新語・流行語大賞が発表されます。また「今年を表す漢字」も発表され2022年は「戦」でした。

中国でも2006年から、第9章で言及した国家の報告書『中国语言生活状况报告（中国言語生活状況報告）』の中で毎年の新語、インターネット流行語、及び「今年の漢字」が発表されます。

本書でも何度か言及した中国の社会言語学者・陳原先生は「社会言語学者は、新語の出現について十分に敏感でなくてはならない。それと同時に、きわめて大きな関心を払わねばならない。たとえそれが、将来必ず淘汰されるものであるとしても、社会言語学者はやはり十分な精力を使って収集し、比較し、その社会的価値と意義を評価する必要がある。」と言っています[1)]。

私が新語・流行語に注目する理由は、新語・流行語が社会を反映しているからだけでなく、言語学的な目からみても、日中対照言語研究上にも興味深い現象があるからです。

日本語の新語・流行語

日本では毎年12月の始めに、2つ（下記A・B）の新語・流行語大賞が発表されます。A.「現代用語の基礎知識」選「ユーキャン新語・流行語大賞」とB.「三省堂辞書を編む人が選ぶ今年の新語」です。私はBの「辞書を編む人が選ぶ今年の新語」に注目しています。Aは1984年に創始され、歴史が長いです。しかしながら、多くはその年の流行った「もの」や「事象」に関したものですが、Bの選定基準は、「今年特に広まったと感じられる言葉で、今年誕生したかどうかは問わない」「ふだんの会話やSNSなどでよく使うようになった言葉」「辞書に収録するにふさわしい後世まで残る言葉」とされており、日本語の変化・変容に注目がされています。

たとえば、2020年の新語大賞ABで、事象・もの（人）に下線を施すと以下のようになります。

A：3密（さんみつ）、愛の不時着、あつ森、アベノマスク、アマビエ、オンライン○○、鬼滅の刃、Go To キャンペーン、ソロキャンプ、フワちゃん
B：ぴえん、○○警察、密、リモート、マンスプレイニング、優勝、ごりごり、までである、グランピング、チバニアン

下線以外は、ことば自体の変化に関係しています。Bの「ぴえん」は泣くさまのオノマトペ、「○○警察」は「マスク警察」とか「自粛警察」などのように応用が利き、「優勝」はもとからあった「優勝」ということばに「○○がいちばん、最高」という新しい意味が付加されていて日本語を豊富にしています。

2022年のAの新語・流行語の中で、ことばの変化とし

て注目したのは、「キーウ」です。授業でも紹介しましたが気がついていない中国人学生もいました。中国語は表意文字で、ひらがなやカタカナのような表音文字ではないので、簡単に「基辅《Jīfǔ》（キエフ）」を「キーウ」に言い換えることはできません（Jīfǔ は「チーフ」のような発音）。もう一つは「知らんけど」で関西弁（方言）が大賞に入っているのは興味深いです。

B では、2021 年の「チルい（リラックスできる）」、「人流」、2022 年は、「～構文」でたとえば、「おじさん構文」があり、これはおじさんが書く絵文字や親しげな言い回しを散りばめたメール文という意味です。ほかに、「気まず」、「〇〇くない」があります。この「〇〇くない」には「くね？」の形もあり、相手に同意を求める気持ちを表し、終助詞として働き、たとえば、「だれでもできるくね？」のように使います。また、「一生」も挙がっていますが、「ずっと」という意味で、「きょうは眠くて、一生寝てた」のように使います。これらは、意味や品詞の変化という点から注目できます。事象では「メタバース」がありますが、中国でも新語として「元宇宙」と訳されています。もちろん同時代性もあるわけです。

『戦前尖端語辞典』（2021 年、左右社）の著者平山亜佐子氏は「戦前の流行語辞典に感じる魅力は様々あるが（中略）今でも使われている言葉が意外なほどある」といい、「ツンドク、音痴、イミシン」を例に挙げています。流行語だったことばが、普通に使われることばになっていく。（イミシンは使用が減っていそうですが。）

新語がどのくらい一般に使用されることばとして残っていくのでしょうか。次に中国の新語・流行語を見てみましょう。

中国の新語・流行語

中国の新語・流行語は日本でも注目されており、2021年は「躺平族《tǎngpíng zú》（寝そべり族・競争をせず最低限の消費水準の生活に満足する人たち）」などが紹介されました。

前述の『中国言語生活報告書』で2006年から新語・流行語が毎年報告されていますが、こちらで「新語」として挙げられているものは、ややその年の国家政策や国家的事件と関わるものが多いです。一方「インターネット流行語」が発表される媒体はいくつかあります。2022年はインターネット十大流行語と「热词《rè cí》（熱詞／ホットな話題語）が2022年12月8日に上海の政府系メディア「语言文字周报（語言文字報）」から発表されました[2)]。中国社会の動きを知るのに適しているため、発表されるや日本でメディアや個人で取り上げる人も多く、一部TV朝日のニュースでも紹介されました。その一つ、「拴Q《shuānQ》」に注目すると、これは桂林のおじさんが動画で「thank you」と言ったところ、その発音が「shuān Q（シュアンキュゥ）」と聞こえたことからヒットし、すでに語義は「ありがとう」から「无语《wúyǔ》（無語／なんといっていいやら、ことばがない）」へ変化しています。よくあることですが、中国のネットでの語義の変化のスピードは日本より早いです。

中国の新語・流行語も、言語学的な面から注目すると、このような語義の変化の速さということや表記の問題も面白いですが、日中対照研究として特筆したいのが、流行語の中に日本語の語彙がかなりみられるという点です。

中国語の新語・流行語の中の日本語

発表媒体はいくつかあると書きましたが、2019 年の「百度沸点」（「百度」は第 10 章でも紹介した中国最大の検索エンジン）の発表を見ると、そこで 2019 年にトップテンに上がったのが

996、盘他、雨女无瓜、不忘初心、柠檬精、断舍离（断捨離）、我太难了、好嗨哟、硬核、社畜（社畜）

です。ここでは見ての通り、2 つ日本語由来の語彙がランクインしています（下線）。「断舍离《duàn shě lí》（断捨離）」は日本では 2010 年新語流行語にノミネート、「社畜《shèchù》」は 1990 年の流行語です。「社畜」は就職した中国人卒業生の口から聞きました。「断舍离（断捨離）」は、私が上海にいた当時、大きな本屋さんで「断舍离（断捨離）」と書かれた本を何冊か目にしました。ちなみにその横には東野圭吾の小説が数えると 26 冊もありました。また、目抜き通り淮海路の美容室で美容師さんが「小确幸《xiǎo què xìng》（小確幸）」と言うので驚いたこともありました。中国における村上春樹人気は有名ですが、「小確幸（しょうかっこう）」は、彼が随筆『兰格汉斯岛的午后《Lán gé hàn sī dǎo de wǔhòu》（ランゲルハンス島の午後）』の中で書いた「小さいけれど確かな幸せ」という意味の造語です。美容師さんはインター

ネットで知ったようでした。

また、中国の 2021 年のインターネット流行語の中に、「凡尔赛《fán'ěr sài》（凡爾賽／ベルサイユ）」とか「凡尔赛文学《fán'ěr sài wénxué》（ベルサイユ文学）」ということばがありますが、これは日本の漫画「ベルサイユのバラ」からインスピレーションを得て、ある人が微博（ウェイボー・中国版ツイッター）で使い始めたのが始まりだといわれています。

（1）吃了个饭，出来就下雨。我不知道我洗车的意义何在。
Chīle gè fàn, chūlái jiù xiàyǔ. Wǒ bù zhīdào wǒ xǐchē de yìyì hézài
食事をして外に出たら雨。洗車した意味はどこに（と書きつつ、高級車の写真を貼る）。

つまり、「謙虚めかした言い方で自慢をする。また、それをからかって言う。」ということで、結局「見せびらかし」行為のことです。それと「ベルサイユの煌びやかな生活」とを関連させているようです。多くの中国人が使用する SNS・微信（WeChat）に載せられた「ばえる（映える）」写真も、結局見せびらかしで飽き飽きすると言う人もいます。何十年も前の日本の漫画が中国の流行語に入りこんでいるのは驚きですが、「ベルサイユのバラ」のアニメを今でも中国のネットで見ることができます。

「日本キライ」と言いつつ、流行語の中に毎年のように入って来る日本語がかなりあることが日本語・日本文化の影響力を物語っています。

2021年の中国インターット流行語には「我emo了」が入っていて「英語のemotional」からきていると説明されていますが、日本では「エモい」が2016年のB.「辞書を編む人が選ぶ新語」に選ばれており、英語→日本語→中国語と入った可能性もあります。「emo了」という形が「emotional」よりも、「エモい」を漂わせています。ただ、中国語の「我emo了」は「落ち込んでいる」という意味に使われており、「彼女の新曲は何度聴いてもエモいね」のような「心を揺らされる」という日本語の意味とは少しずれています。

日本と中国の長い交流の中で、古代には日本語が中国語から多くの語彙を借り、語彙を増やし、ひらがな・カタカナにも加工し書記法に利用し、文法にも影響を受けてきました。逆に清朝末期には1万人の中国人が日本へ留学し、「経済、哲学、民主、革命、労働、幹部…」など、近代社会をつくるための数多くの語彙を持ち帰り、中国語の中にこうした日本語由来の語彙が含まれています。現在のネット上の日本語の影響も、そうした日中語彙交流史の中に位置づけて考えることができます。

新語の造語法

日本語の新語の造語法として窪薗（2002）[3]では、

1．足し算

・**複合語**：例）浜＋栗で、ハマグリ（蛤）。複合語は結びつくだけでなく、2要素が融合する。一般的には後ろに来る要素の種類を表す。例）蜜蜂－蜂蜜、泥棒猫－猫泥棒。

アクセントの区別：例）秋田犬－秋田県、試験管－試験官

・**接頭語、接尾語がついて新しいものになる場合**：例）お冷、モスる、カフェる

・**反復（畳語）の造語法**：例）家々、村々、時々、広々

2．引き算、合わせ技

短縮語：例）スト、アニメ、きもい

逆形成：派生語ではない語を派生語と勘違いし、誤解によってつくられた語。例）「つまらない」の反義語として「つまる」。

異分析：語源を勝手に分析し、誤った語源解釈（民間語源）をとり、その謝った解釈にもとづいてさらに別の語を派生。例）ハンバーガー＝hamburger は、もとはハンブルグ（町の名）なので２つにわけることはできないが、ham＋burger ととらえチーズバーガー、チキンバーガーに。ほかにマンションから億ションへ。

混成語：例）ゴジラ（ゴリラ＋クジラ）

逆さことば：例）ダフ屋（札屋）

などの造語法があるとしています。

一方中国語の新語の造語法の特徴は、蘇（2018）[4] の分類に当てはめながら例を考えると、

1．**音節の増加**：もともと二音節語が多かったが、音節を一つ増やして三音節化が増えている。例として、上記 2019 年「百度沸点」ネット流行語でも三音節語「柠檬精、断舍离（断捨離）、好嗨哟」があります。

2．**接辞による語彙増加**：例、留学热《liúxué rè》（留学熱／留学ブーム）、汉语热《hànyǔ rè》（漢語熱／中国語ブーム）。日本語から入った

ものでは、「〜系」「〜族」「〜控」などがあります。「〜控」は萝莉控《Luó lì kòng》（ロリコン）などです。

3. 外来語から来たもの：上記に書いた日本語からのものもありますが、「看书《kànshū》 ing（本を読んでいる）」のように英語由来の「V + ing」式のものもあります。また「减肥（ダイエット）」より日本語の「瘦身」の方が優雅だとして置き換わるような例もあります。

4. 頭字語（字母词）：外国語の訳語の中の略語ですが、APEC、WTO、NBA、CT のようにそのまま使用されるものと、X 光线《guāngxiàn》（エックス線）、B 超《chāo》（超音波検査）のように「アルファベッド＋漢字」形式のものがあります。原・許(2022)[5] の研究によれば、商務印書館発行『現代漢語詞典』第 1 版〜 7 版で、頭字語（字母词）は 1978 年の 1 版では 0 個、2016 年の第 7 版では 235 個に増えています。

また同じような頭字語に見えながら実は外国語ではない、「JJ（姐姐《jiě jie》／お姉ちゃん）」「GG（哥哥《gē ge》／お兄ちゃん）」のようなピンインからとった略語があります。昨年の流行語でも「YYDS（永远的神《yǒngyuǎn de shén》）／永遠の神・マジ神（誉めことば）」があります。こうした略語は、以前は罵りことばの略語としてよく見かけましたが、最近は「YQ（疫情《yì qíng》／コロナ）」や、「SFZ（身份证《shēnfèn zhèng》／ID カード）」といった普通のことばの縮約なども見かけます。SNS におけるスピーディーな交流に日本語では「了解」が「りょ」から「り」になったこととも同様に、「言語の経済性」からや、仲間意識や「外国語のように見える」などの遊び心からも使用されていると思われます。

5. **数字の使用**：2019年の「996」は朝9時から夜9時まで、週に6日間働くという意味です。IT企業に勤めた教え子などが早速使っていました。それ以前にも「886」は「Bye-bye了」、漢字で書けば「拜拜了《bái bái le》」で「じゃ、またね」という意味です。

6. **修辞や語用的な面から**：比喩や擬人化、擬動物化など。「柠檬精《Níngméng jīng》（レモンの精霊）」は中国語の「やきもちを焼く」が「吃醋《chīcù》（お酢を飲む）」ですから、「羨ましい・嫉妬する私」のような意味に。動物化としては「落汤鸡《luòtāngjī》（落湯鶏／ぬれねずみ）」「领头羊《lǐng tóu yáng》（領頭羊／群れを率いる羊）」などがありますが、前者は「熱水に落ちた鶏」で、後者は日本で2022年に話題になった「ファーストペンギン」と少し似ています。ファーストペンギンは「勇気を持って最初に海に飛び込む（何かを始める）人」という意味ですが。

7. **インターネットは新語の生まれる主な媒体**：特に若者から次第に上の世代に広がっていく。**方言的な要素**もある。方言の要素については、今年の日本の関西弁「知らんけど」の新語入りもそうです。私の中国体験では、「哇塞《wā sāi》・哇噻（ワッサイ／わぁ、すげぇ）」がありますが、もとは台湾閩南語の感嘆詞です。中国に行ったばかりの頃は、使おうとしたら学生から止められましたが、その後は中年のおばさん、おじさんが使っているのも聞くようになりました。

今年の漢字

日本では「今年の漢字」2020年は「密」、2021年はオリンピックイヤーで「金」、2022 年は「戦（せん）」です。中国でも「今年の漢字」（年度漢語盤点）は 2006 年から国家と商務印書館で選定し中国「国内字」と「国際字（世界）」とに分けて発表されています[6)]。中国の 2020 年は「民《mín》」、2021 年は建党百年ということで「治《zhì》」で、国際字は 2 年続けて疫病の「疫《yì》」です。2022 年 12 月 20 日に発表された国内字は「稳《wěn》（穏）」で、国際字は「战《zhàn》（戦）」です[7)]。

コロナ禍の新語

日本でも 2020 年以来、コロナ禍で多くの新語が生まれました。中国でも「网课《wǎngkè》（網課／オンライン授業）」などがそうですが、最新のものでは以下の二つがあります。

1．阳了《yáng le》（陽了）－ヤンラ（陽性になった）。

中国でコロナの行動制限が緩和された 2022 年 12 月中旬、特によく目にしたことばです。もともとは「检查出**阳性** **Jiǎncháchū yángxìng**（検査で陽性がわかった）」などのように「動詞＋陽性」の組み合わせで使われていた名詞の一部「陽」です。

信頼のおけるネットニュース（澎湃新聞、光明網）などの（2022 年 12 月 15 日）の記事でも以下のように出てきます。

・「孩子 **“阳” 了**，怎么办？
Háizi “yáng” le, zěnme bàn?

（子供が陽性にどうしたらいい？）

https://www.thepaper.cn/newsDetail_forward_21176725

澎湃新聞（上海）2022-12-15 12:01

・如果你**“阳”了**，一定要这样做！

Rúguǒ nǐ “yáng” le, yīdìng yào zhèyàng zuò!

（もし陽性になったらこうしよう！）

https://m.gmw.cn/baijia/2022-2/15/1303224902.html

光明網 2022-12-15 08:16

これらネットの記事では、“阳”というように“ ”付きになっていますが、人々のSNS上のやりとりではすぐに“ ”なしで使われました。

新語が品詞に変化をもたらすということはいわれています。あるいは品詞に変化があって新語となるというのが正確なのかもしれません。「阳了（ヤンラ）」は「阳过《yángguò》（陽過）／陽性になったことがある」と経験を表すアスペクト助詞「过《guò》（過）」が付いた例も目にしたので、動詞化だと考えてよいと思いますが、「阳了」の反対語を考えると「好了（よくなった）」となるため形容詞化とも考えられます。

名詞の一部が動詞化した例として、携帯メール（短信）が使用されていた時に、「短信」の一部「短」が動詞化した例があります。「**短**我一下 Duǎn wǒ yīxià（携帯に短信ちょうだい／メールしてね）」などのように使われていました。

中国語は動詞や形容詞がそのまま主語になることができ、

日本人には名詞（形容詞）と思える漢字が動詞として使われている場合があります。古くは宋代の王安石の「泊船瓜洲（瓜洲に船を泊《と》める）」という詞に「春風又綠江南岸 Chūnfēng yòu lǜ jiāngnán àn（春風がまた江南の岸を緑にする／緑に染める）」という句がありますが、この「綠」は動詞です。

“阳”了がネットを騒がせ出した、12月中旬、北京の教え子一家と、武漢の教え子一家から、家族全員がコロナに感染したと連絡を受けました。子供たちから先に回復していると聞き希望を持ちましたが、大人たちは2週間ほど本当に辛そうな様子でした。その後、全国に拡大したことは日本でも報道されました。

2．润《rùn》（潤）－国外に行く

「润《rùn》」は、2022年5月ごろ北京の教え子（元新聞記者）が、最近よく聞くことばとして教えてくれたことばです。その後、東京でも中国人の院生からも聞き、実は個人的にはこれは今年を表す漢字または、新語の中に入るべきことばだと思っています。この漢字が使われたことに今年の社会状況が表されています。またピンイン表記と意味の関係が注目に値します。この字の元の意味はもちろん日本語と同じように「潤う、潤おす、潤いのある」です。ピンインでは「rùn」です。これが英語の「run」に見えることから「逃走する／移民」の意味で使用されるようになりました。「润（rùn）」と英語のrunは、つづり（見た目）はほとんど同じですが、英語はラン、中国語はルンのような発音です。「润学《rùn xué》（留学

／留学する）」とか「润到国外《rùn dào guó wài》（海外へ移民／移民する）」といった表現も生まれました。コロナ禍の閉塞感を表した一字です。

2022 年はロシアによるウクライナ侵攻（俄烏冲突《É wū chōngtū》）も勃発し、中国の「今年の国際詞」に選ばれています。

これからの世界に暖かく幸せなことばが満ちていることを願っています。

第12章 ことばと社会
—中国社会言語学のすすめ

武漢や上海の街のこと、そこに生きる人たちのことばの一部を伝え、日本語と中国語、そして「ことばと社会」を考えるという私の欲張りな目論見は、どのくらい達成できたでしょうか。それぞれの社会に生きる（生きた）人たちの声。さざめく雑踏、街に見える文字、ネットに飛び交うことば。最終章では、本書で伝えたかったことを振り返り、また積み残したことと、今後の中国社会言語学を学ぼうとする人への参考になるようなことを書いておきたいと思います。

春の乙女がやって来る—社会言語学的対照言語研究

これまでの対照言語研究は主に、文法・語彙・音韻といった「ことばの内部」の研究が多くなされてきました。私はことばとその外にあるもの、「ことばと森」の関係を知りたい、よりそちらに目を向けたいと考えました（第１章）。社会の中には、街の中に現れる文字（言語景観：第２章）、男女や年齢によることばの違い（言語変種：第３章、第４章、第５章）、ことばとことばがぶつかって生まれてくることば、その状況（言語接触：第６章、新語：第11章）、挨拶・感謝にしてもその、ものの言い方やともなう行動が違うこと（言語行動・非言語行動：第７章）、国や自治体が人々のコミュニケーションのために行う実践や言語の保護（言語サービス・言語保護：第９章）、生活の中のことばとその変化（言語生活：第８章、第10章、第11章）といった言語現象や課題があり、それが社会言語学研究の一部となっています。それを日本語と中国語の中で考えてみる、つまり社会言語学的対照言語研究の試みです。それは日本語・中国語の言語教育にも役に立つと考えています。

対照言語研究の一部には、「誤用研究」（どのような間違いをしたか、なぜ間違ったのか、どう指導すればよいかを考える分野）があります。私は中国の12年半は、大学で主に日本語を教えていましたので、もちろん、中国人日本語学習者の語彙や文法上、音声上の間違い（誤用）の問題を数多く見てきました。本書ではそうした誤用の問題については直接的には扱いませんでした（第７章言語行動の違いなどで多少触れました）が、中にはこれまで「文化」とひとくくりにされていたものが、実は社会や時代の変化や形成された「言語資源」と関係している場合もあります。

中国の学生たちに「好きな季節」という作文を書いてもらうと、毎年なぜか「春の乙女がやって来た」とか、「柳のような髪をなびかせて」といったことを書く人がいました。中国人学習者の日本語作文が過剰に「文学的」だという研究はこれまでありますが、私は、「なぜ複数の学生」が「春の乙女がやって来た」と書くのか、ということが気になりました。これは、中国語母語話者の共有する何らかの「言語資源」の中にあるのではないかと考えました。そこで調べたのが、第４章で紹介した中国の小学校国語「語文」教科書の研究[1)]です。教科書を調べると、「ありました」。1986年版に「春姑娘来了。Chūn gūniáng láile／春の乙女がやってきた」と、挿絵付きです。90 年代の教科書にもありました！　また、「春姑娘来了」で中国のインターネットを検索すると、数多くの小学生の作文のお手本の中に出てきます。こうしたスキーマ（過去の経験や外部の環境に関する構造化された知識の集合）が、固定化した表現になり、一定期間、社会の中で共有される言語知識（言語資源）となって、日本語の作文にまで用いられたわけです。

最初にも書きましたように、本書で書いてきたような社会言語学的視点をいれていくことで、日本語教育の上（あるいは中国語教育）や研究においても気づきが増え、言語知識や使用言語を豊かにできると考えています。

対照研究をすることの意味として、張岩紅（2014）[2)] は、中国の言語学者呂叔湘の「只有比较才能看出各种语言表现法的共同之点和特殊之点（Zhǐyǒu bǐjiào cáinéng kànchū gèzhǒng yǔyán biǎoxiàn fǎ de gòngtóng zhī diǎn hé tèshū zhī diǎn／比較することによってのみ、ぞれぞれの言語の表現の共通点と特徴とがわかるのだ）と言うことばを引きながら、対照言語研究のメリットを以下のようにまとめています。

（1）対照とする言語（外国語）についてよりわかる
（2）母語についてよくわかる
（3）外国語の研究理論が学べ、母語の研究に役に立つ
（4）思いがけない発見がある

ここに「社会言語学」の視点を加えると、（1）対照とす

る言語（外国語）とその社会や人がよりわかる、(2) 母語とその社会や人についてよくわかる、(3) 外国語の研究理論が学べ、母語や社会の理解に役に立つ、(4) ことばのみならず社会や人について、それ以外にも思いがけない発見がある、ということになります。(1) (2) も大事ですが、(3) は逆に、母語の研究理論を紹介することも含まれます。わたしは、日本語の研究概念である「役割語」を紹介することに意義を感じました。(4) の「思いがけない発見」は私も体験しましたが、こういうことが今後の研究に道を開くでしょう。

「本土化」、中国社会言語学４つの流れ

真田（2006）[3)] では、「欧米、特にアメリカの研究者は、人間にとっての普遍を知ることに関心があるとする場合が多い。ただし、そこでの普遍とは、あくまで彼らアメリカ人の立場からする普遍なのではなかろうか。」とあります。
1898 年に中国語初の文法書『馬氏文通』（馬建忠・著）が上海商務印書館から出版されて以来、中国の言語学研究は西洋文法理論を手本に進んできました。社会言語学もそうです。それだけに最近の学会では、「本土化《Běntǔ huà》（localization／ローカライゼーション）」という声をよく聞きました。欧米の言語理論がそのままでは中国語の実際を捉えることが難しく、中国語独自の視点で捉えなおし理論体系も考えていくべきだということです。2022 年 8 月末に開かれた、中国の国際都市言語学会（国际城市语言学会 ULS）では、一歩進んで、中国の言語学が世界の言語学に理論提供をしていくこ

とを模索していくべきといった発言がありました。

現在の中国社会言語学の流派を大きく分けると４つの傾向に分かれます[4)5)]。（1）西洋学派：主に外国語学部の研究者たちによる研究で、この学派の研究者たちは社会言語学の概論書を書き、欧米の社会言語学理論を用いて中国の言語変異について研究してきた。王徳春（上海外国語大学）、祝畹瑾、高一虹（北京大学）、徐大明（南京大学）など、（2）社会文化言語学派：主に言語と文化の関係に注目した中国語や歴史・民俗学研究者による研究。著作の中に「文化と言語」という視点がある。陳健民（社会科学院）、遊汝傑、周振鶴、申小龍（復旦大学）ら、（3）民族学派：中国社会科学院民族研究所および各地の民族大学の研究者たちによる研究。主に言語人類学、人類言語学を研究対象にし、多民族国家の言語政策や危機言語などについて研究している。戴慶廈（中央民族大学）、周慶生（中国社会科学院民族研究所）ら、（4）総合学派：研究対象は国内外、現代・古代など多方面に及ぶ。陳原（中国社会科学院）、郭熙（暨南大学）、鄒嘉彦（香港城市大学）など。ここには、『中国言語生活状況報告』主編・李宇明（華中師範大学／北京語言大学）も挙げるべきだと思います。

ここで、中国社会言語学を切り開いてきた研究者名を挙げ、所属を補った理由は、これから留学して中国の社会言語学を学ぼうとする人の参考のためです。すでに退官され、亡くなられた方もありますが、これらの大学では跡を継ぐ優秀な研究者たちがいます。

中国の「社会言語学国際シンポジウム（中国社会语言学国

際学术研讨会)」は2年に1度、国内大会は毎年開かれています。また前述の都市言語調査を中心に社会言語学の問題を扱う「城市语言调查国际学术研讨会（国際都市言語学会)」は、日本でも過去に2回開かれ、日本の社会言語学者の参加も増え、日中の社会言語学者の交流の場になっています。

専門誌としては「中国社会语言学（中国社会言語学 Journal of Chinese Sociolinguistics)」(2003年創刊、年2回）と「语言战略研究（言語戦略研究 Chinese Journal of Language Policy and Planning)」(2016年創刊、2カ月に1回）がありますが、国家の支援があるため、次第に後者が影響力のある学術誌となっています。

中国の大学の森の中で

武漢では、日本語の授業の合間を縫って中国語学部大学院の授業などを聞きにいきましたが、中国の大学は大学院でも、基本的に学部と同じように知識詰め込みの講義型です。一コマ3時間の授業で、途中休みが入りますが、学生は延々と黙って聞いているだけです。ある日、私は知識のオーバーフローで、自分で「考える力」を失ったと脳の疲労を感じたことがありました。論語の「学びて思わざれば則ち罔《くら》し、思いて学ばざれば則ち殆《あやう》し」で、知識と思考は両方のバランスが大事です。こうした中国式大学教育を受けた学生たちは、英語力など外国語力や専門知識に関する部分では日本の大学生を凌駕することが多いですが、創造性に欠けているとも言われます。中国人日本語学習者が日本語教育などで言われる「ピアワーク（協働活動)」や分担発表を嫌う傾向があることもこの中国式教育が原因だろうと考えます。
　筆者は誕生日に学生たちに「置物」をもらったことがあります。「船頭さんが、静かに本を読む子どもを乗せた船を漕いでいる」様子の焼き物でした。その寓意は「教師は知識の海を、学生を乗せて渡る船頭である」ということでした。当時は日本語教師として、どう海を泳いでもらうか、つまり運用力の育成に腐心していたので、ここでも教育に「知識」が偏重されていることを感じました。

学術用語

　中国で言語学を学ぶ上で、整理が必要だと思ったのは、中国の学術用語（学者名を含め）の問題です。
　索緒爾《Suǒ xù ěr》（スオシィアル）や喬姆斯基《Qiáo mǔ sī jī》（チャオムスチ）は、言語学者ソシュールとチョムスキーであることは音からわかります。威廉・拉波夫（ウェイリエン・ラボフ）はアメリカ社会言語学の父ウイリアム・ラボフです。でも洪堡《Hóng bǎo》（ホンバオ）になるともう「汉堡《hànbǎo》（漢堡／ハンバーガー）」と見間違えるぐらいです。こちらは 18 世紀の言語学者・政治家のヴィルヘルム・フォン・フンボルトのことです。新しい本であれば、菲什曼《Fēi shí màn》（Joshua Aaron Fishman）のように綴りが書いてありますが、古い本だと漢字だけですから、人物認定に時間がかかります。またたとえば日本の用語で「インド・ヨーロッパ語族」のように「語族」を使いますが、中国語では「語族」が「語系（yǔxì）」で、その下位分類が、「語族（yǔzú）」なので「インド・ヨーロッパ**語族**スラブ**語派**」は「印欧**语系**斯拉夫**语族**」のようにずれます。また、日本語の言語学用語「音素（意味を区別する働きをする音韻上の最小単位）」は、中国語では「音位《yīn wèi》」で、中国語の「音素《yīn sù》」は、日本語でいう「単音」というようにずれています。このように同形の用語で意味がずれている場合があるので注意が必要です。お気づきかもしれませんが、中国語で言語（ことば・日本語や英語というときの言語）は「语言《yǔ yán》（語言）」です。ですから言語学は「语言学《yǔ yán xué》（語言学）」です。また中国語では「語言《yǔ yán》」と「言語《yán yǔ》」に言語学的な用語としての意味の違いがあります。ソシュール（Ferdinand de Saussure 1857-1913年、スイスの言語学者）は、言語には成員全員に共通する一般規則としての普遍的側面（ラング）と、個々の成員が実際に表現した個別的側面（パロール）という2つの側面があると言っています。中国語ではそのラングを表すのが「语言（語言）」でパロールを表すのが「言语（言語）」です。ですから「社会言語学」は、中国語では「社会語言学」となります。言語学の用語は、日本語とよく似ているものと、上記のようなずれのあるものとがあるので、中国語→英語→日本語と検索して確認していく必要があります。また、訳語がいくつかある場合もあり、たとえば言語接触で方言同士の共通語として使われるコイネー（koine）は「柯因内语《kē yīn nèi yǔ》」で、このように音訳語が使われているものあります。

積み残したもの

社会言語学はことばと社会とのかかわりのあるものならすべて研究対象となるため、研究範囲は膨大で、今回取り扱うことができなかったテーマは数多く存在します。「談話研究」と言われる分野がその代表ですが、現在、編集を担当している「社会言語科学」誌にも談話分析の論文は数多く掲載されています。2022 年に著者の方から頂戴した本の内、2 冊は談話分析（会話分析）が中心であったり、中で取り上げられていたりします。井上史雄・田辺和子編著『社会言語学の枠組み』（2022 年 11 月・くろしお出版）では、「談話の規則性」「談話と言語のバリエーション」という二章が割かれています。談話、つまりコミュニケーションを目的とする言語行為のまとまり（話しことばも書きことばも含む）の規則性を探すことも社会言語学の分野の一つです。

次に第 7 章（言語行動）で多少とりあげましたが、中国語の「敬語」の問題です。日本語ほど「敬語」がないといわれている中国語ですが、いくつかの語彙や敬辞だけでなく、「呼称の談話中における働き」にフォーカスして考えると、人をどう呼ぶかと敬語・待遇の問題が整理されると思います。次に語用論です。大学院では談話分析と親和性のある語用論（簡単に言うと発せられた「ことばの言外の意味」を研究する分野）についてすこし扱いますが、「言外の意味」は、外国人にとって日本語の理解にも関係しますし、日本人の言語行動や、言語景観の中に現れる公共・民間掲示や、広告の理解にも関係します。中国語や別の言語の理解においてもそうです。中国語の公共掲示語「脚下留情《jiǎoxià liúqíng》（足元に思いやりを)」は、「芝生を踏まないで」という意味です。

社会言語学は、ことばと社会の関係を探っていくので、思わぬ社会の闇や表から見えない構造に触れることもあります。そうしたことを知ることで、社会にある問題の解決に役立てられる可能性もあるのです。

ことばの変化も明るさを伴って

長江中流域の武漢、河口の上海。いかなるご縁が私を長江のほとりへと運んだのか。いくつもの偶然が重ならなければ、あの岸に立つことはありませんでした。毎年、新しく出会う人たち。街の姿。年に一度は「驚愕」を通り越すような出来事も起きました。

第 11 章の「新語」のところで、コロナに感染（陽性化）することを「陽（阳）了 yángle」というようになったと書きましたが、それがあっと言う間に「羊了 yángle」に変化しました。陽と羊は同音（谐音《xié yīn》）だからです。2022 年 12 月の中国での行動規制緩和直後、「ひつじになった！」という表現に変化したのです。本当に中国のインターネットにおけることばの変化の速さには驚かされます。「家族全員」とか「周りもみんな陽性」ということを「人人羊了（人が羊になった）／人人都羊了 Rén rén dōu yángle」と表現。実際はネガティブでつらい現象を、「羊」と揶揄することで可笑しみが生まれ、気持ちが少し軽くなります。そんなことを思っていると、武漢の友人（定年退職した女医。12 月末の感染急拡大で医療にかりだされた人）が動画を送ってきました。動画は武漢語で、

え？　まだ「陽」になってないの？もうすぐ春節も来るし、一緒にカラオケやトランプもやるんだから、早く

> 陽性になんなさいよ（你快点阳（羊）呢／ニグアイデンヤンナ）、８～９日前後で治るんだから…。

と、おばさんが親しい人に大声で電話しているという内容でした。武漢人らしいきっぱりした口調と内容に、私も思わず吹き出してしまいました。暗い状況を笑いの動画に変え回している人たち。（私にまで転送してくれるなんて。）まさに、「苦中作乐《kǔ zhōng zuòlè》（苦中作楽／苦しい中にも何とか楽しいことを見つけ出す）」の表れで、そうやってつらい歴史も越えて来た人たちなのだと思いました。中国人の明るさ、たくましさ。

さて、海を越え、そんな中国の森の中を歩き回り、面白い人たちと出会い、新しい蝶々や鳥を見つける冒険。

本書を読んで、そんな冒険に出て行き、中国の社会とことばの理解を深めてくれる人が現れることを願ってパソコンを閉じたいと思います。

注

中国語論文タイトルには（　）に和訳を付した

第 1 章

1）陳原（1918-2004）言語学者、中国で最初の社会言語学の本を出版。陈原（1983）《社会语言学（社会言語学）》学林出版社、陈原（2004）《社会语言学》商务印书馆など。
2）松岡榮志編訳（1992）『中国のことばと社会』大修館書店第一章「ことばの森のなかで」
3）河崎深雪（2013）『汉语“角色语言”研究』华中科技大学博士论文、河崎深雪（2017）『汉语“角色语言”研究（中国語の役割語研究）』商务印书馆、河崎みゆき（2023 刊行予定）『中国語の役割語研究』ひつじ書房
4）汉口五国租界之日租界（漢口五か国租界の日本租界）https://baijiahao.baidu.com/s?id=1677818750118649386&wfr=spider&for=pc（2023.3.3 参照）
5）杨凯、黄晋（2007）「折射文化与社会变迁的武汉方言流行词汇（文化や社会の移り変わりを反映する武漢の流行語）」『高等函授学报（哲学社科学版）』第 20 卷，第 4 期 pp.12-15
6）朱建颂（1992）《武汉方言研究》武汉出版社
7）真田真治編（2006）『社会言語学の展望』くろしお出版

第 2 章

1）庄司博史・P・バックハウス・F・クルマス編（2009）『日本の言語景観』三元社
2）磯野英治（2020）『言語景観から学ぶ日本語』大修館書店
3）中国知網 CNKI（China National Knowledge Infrastructure）https://www.cnki.net/
4）陳原（1985）「新語の出現とその社会的意義―1 人の社会言語学者が北京の街角で見たこと、感じたこと」『応用言語学講座 3 社会言語学の探求』明治書院 pp.37-57
5）影山巍（1936）『詳注現代上海話』東京文求堂印行。この「常

用名詞集」の中に「味之素」が挙げられている。

6）图说味素在哈尔滨的历史（図説ハルピンにおける味の素の歴史）https://www.imharbin.com/post/27682（2023.3.3 参照）1920 年頃ハルピンで味の素が流行っていたという記事。街には「味の素」の看板があり、「味素」という表記もあったことが写真からわかる。

7）钱理、王军元（2005）《商店名称语言（商店名称語言）》汉语大词典出版

8）河崎みゆき（2023）「見えない看板ーニューチャイナタウン東京江戸川区平井の言語景観から」包聯群主編『現代中国における言語政策と言語継承』第 7 巻、三元社 pp.163-178

第 3 章

1）『後宮甄嬛伝（宮廷の諍い女）』や『如懿伝～紫禁城に散る宿命の王妃』など

2）河崎みゆき（2019）「石山福治『支那語の手紙』と近代中国手紙本研究のための見取り図ー歴史社会言語学研究の視点から」『國學院中國學會報』第六十五輯 pp.149-129

3）第 1 章の注 3）河崎深雪（2013, 2017）、河崎みゆき（2023 刊行予定）

4）孙汝建（2012）《汉语性别语言学（中国語のジェンダー言語学》科学出版社

5）陈松岑 1985《社会语言学导论（社会語言学導論）》北京大学出版社 pp.118

6）曹志赟（1987）〈语气词运用的性别差异（語気詞運用の性差）〉《语文研究》第 8 期 pp.43-45

7）河崎みゆき（2011）「中国の若い女性のことばを探るー中国男女口癖調査を中心に」『日本語とジェンダー』11 号 pp.53-62

8）游汝杰（2022）《社会语言学教程（社会言語学教程）》（第 3 版）复旦大学出版社 pp.35

9）河崎みゆき（2014）「中国語のオネエ言葉をめぐる現象と特質」『日本語とジェンダー』第 14 号 pp.53-63

10）祝畹瑾编（1992）《社会语言学概论（社会言語学概論）》湖南教育出版社
11）世界の文字ー則天文字（NPO 法人地球ことば村）
https://www.chikyukotobamura.org/muse/wr_easia_35.html（2023.3.3 参照）
12）林史典（1977）「日本における漢字」『岩波講座　日本語 8 文字』岩波書店 pp.194
13）刘宝俊（2016）《社会语言学（社会言語学）》科学出版社 pp.32
14）河崎みゆき（2021）「中国夫婦別姓までの流れと家族内呼称」『日本語とジェンダー』日本語ジェンダー学会学会誌委員会編 19、pp.36-38
※中国語の「性差」については『中国語学辞典』（2022 年、岩波書店）にも書きました。

第 4 章

1）徐大明主编（2010）《社会语言学实验教程（社会言語学実験教程）》北京大学出版社 pp.30
2）杨先明（2010）《0 ～ 5 岁汉语儿童语言发展的认知研究（中国 0-5 歳児の言語発達に関する認知的研究）》武汉大学博士论文
3）第 1 章の注 3）河崎深雪（2013, 2017)、河崎みゆき（2023 刊行予定）
4）ただし、教科書の執筆や編集者は大人であり、子供自身のことばではないため、これらは 5 章で述べる「役割語」の「子供ことば役割語」ということになります。
5）Iwasaki, Shoichi (2020). The non-predicative copula construction: A multiple grammar perspective. Journal of Pragmatics 170 pp.426-444
6）米川明（1995）『女子大生からみた老人語辞典』文理閣 pp.159-160
7）田中春美・田中幸子（1996）『社会言語学への招待：社会・文化・コミュニケーション』ミネルヴァ書房
8）姜帆、李冠希（2017）「老年人电话用语的语言学分析（老人の

電話におけることばの言語学的分析)」《中文科技期刊数据库(全文版)社会科学》pp.261-275

第5章

1) 内山完造(1938)『上海漫語』改造社
https://dl.ndl.go.jp/info:ndljp/pid/1872504:pp.181-185(国会図書館デジタルコレクション)(2023.3.3 参照)
2) 金水敏(2003)『ヴァーチャル日本語 役割語の謎』岩波書店
3) 定延利之((2011)『日本語社会 のぞきキャラくり』三省堂
4) 第1章の注3)河崎深雪(2013, 2017)、河崎みゆき(2023 刊行予定)
5) 申小龙编(2003)《语言学纲要(言語学概論)》复旦大学出版社
6) ロング, ダニエル・朝日祥之(1999)「翻訳と方言—映画の吹き替え翻訳に見られる日米の方言観」『日本語学』pp.66-77、明治書院
7) "同胞们, 中华人民共和国中央人民政府今天成立了!(同胞の皆さん、中華人民共和国中央人民政府が今日成立しました!)" 央視網(CCTV)
https://tv.cctv.com/2019/09/16/VIDEjGRd3W7UdoXzGrZDAwmq190916.shtml 開始034秒 ~050秒あたり(2023.3.3 参照)
8) 邓小平的川味 "普通话"(鄧小平の四川風「普通話」)
http://cpc.people.com.cn/n1/2019/0612/c69113-31133175.html(2023.3.3 参照)
9) 河崎みゆき(2014)「中国語のオネエ言葉をめぐる現象と特質」『日本語とジェンダー』第14号 pp.7-8
10) 金水敏(2010)「男ことばの歴史」中村桃子編『ジェンダーで学ぶ言語学』世界思想社 pp.35-49
11)「『スター・ウォーズ』R2-D2の声はこうして誕生した!」
https://youtu.be/cTmuo5zvMHs(2023.3.3 参照)
12) 河崎みゆき(2022)「翻訳から見たジェンダー、そして役割語」、日本語ジェンダー学会(ジェンダーエッセイ)https://

gender.jp/gender-essay/essay202204/（2023.3.3 参照）
＊人物像、キャラクター、キャラという用語を同じ意味で使用しています。

第 6 章

1）河崎みゆき（2016）「アルヨことばの周辺としての上海ピジン」『役割語・キャラクター言語研究国際ワークショップ 2015 報告論集』pp.46-69
2）游汝杰（2009 年）〈《上海通俗语及洋泾浜》所见外来词研究（『上海通俗語および洋涇浜』に見られる外来語研究）〉《中国语言》第 3 期 pp.261-268
3）季压西、陈伟民（2002）「近代中国的洋泾浜英语（近代中国のピジン英語）」《解放军外国语学院学报》25（1）pp.23-27
4）桜井隆（2015）『戦時下のピジン中国語』三元社
5）「上海図書館-旧日文書目数据倉（上海図書館－日本古本文献データベース」http://search.library.sh.cn/jiuriwen/（2023.3.3 参照）
蔵書楼の 8 万冊の日本語文献はこちらから検索できる。直接行くと、紙版の目録を見せてもらえます。
6）井上紅梅（1921）『支那風俗上巻』日本堂
国会図書館デジタルコレクション
https://dl.ndl.go.jp/info:ndljp/pid/1870297（2023.3.3 参照）
7）張守祥（2011）「『満洲国』における言語接触――新資料に見られる言語接触の実態――」『人文』（10）pp.51-68、学習院大学人文科学研究所
軍事郵便絵葉書には、日本人と中国人の会話が満州ピジンで書かれていることを指摘。
8）河崎みゆき（2016）「戦時下上海の日本語教科書－上海租界工部局発行『日本語教科書』」『國學院大學日本語教育研究』7（7）pp.1-16

9）朝日祥之（著）・真田信治（監修）（2012）『サハリンに残された日本語樺太方言』（海外の日本語シリーズ）明治書院
10）渋谷勝巳・簡月真（2013）『旅するニホンゴ――異言語との出会いが変えたもの（そうだったんだ！日本語）』岩波書店
11）「宜蘭クレオール」：台湾の村「ニホンゴ」話す先住民たち https://www.youtube.com/watch?v=xNd7d951NGo（2023.3.3 参照）
12）周振鹤、游汝杰（1986）《方言与中国文化》上海人民出版社（日本語版は内田慶市、沈国威監訳で光生館から 2015 年『方言と中国文化』として刊行されている。）
13）陆昕昳（2014）《武汉市青山言语社区“弯管子话”研究（武漢市青山言語コミュニティー弯管子話研究）》复旦大学硕士论文（武漢鋼鉄の町で生まれ育った人の修士論文。）
14）王玲、徐大明（2009）〈合肥科学岛言语社区调查（合肥サイエンスパークの言語コミュニティー調査）〉《语言科学》8（01）pp.13-22

第 7 章

1）陳原（著）・松岡榮志（編訳）（1992）『中国のことばと社会』大修館書店
2）國廣哲弥（1997）「日本人の言語行動と非言語行動」『岩波講座日本語 2 言語生活』岩波書店
3）太田辰夫（1972）「中国語における敬語の問題」『言語生活』「特集中国人の言語生活（特集）；中国・ことばの話題」筑摩書房 pp.44-49
4）施暉（2009）「「あいさつ」言語行動に関する日中比較研究－日本語のあいさつに対する中国人留学生の違和感について」『広島国際研究』（11）pp.245-263
5）園田茂人（2001）『中国人の心理と行動』NHK ブックス
6）井上優（2013）『相席で黙っていられるか――日中言語行動比較論（そうだったんだ！日本語）』岩波書店
7）高橋優子（2012）「これまでの日中の「謝罪」表現研究の問題

点と今後の課題」『文化外国語専門学校紀要』（25）pp.1-8
8）劉潔・大橋眞（2010）「会話におけるあいづちの日中比較－あいづちの頻度からみる日中比較文化論的考察」『言語文化研究』（18）pp.131-142
9）毋育新（2008）〈中日非语言交际行为的比较研究（日中非言語コミュニケーション比較研究）〉李庆祥《中日非语言交际研究（日中非言語コミュニケーション研究）》pp.48-62、外语教学与研究出版社
10）友定賢治・于康・定延利之（2008）〈「舌打ち」の日中対照研究にむけて〉李庆祥《中日非语言交际研究（日中非言語コミュニケーション研究）》pp.200-214、外语教学与研究出版社
11）小野秀樹（2018）『中国人のこころ「ことば」からみる思考と感覚』集英社新書 pp.27-30
12）章羽紅・河崎深雪（2008）〈对非语言行为的调查分析（日中非言語行動調査）〉李庆祥《中日非语言交际研究（日中非言語コミュニケーション研究）》pp.266-272、外语教学与研究出版社
13）羅希（2018）「中国語天津方言における相づちの特徴－頻度，形式，出現位置そして場面に注目して－」『社会言語科学』第21巻、第1号 pp.271-285

第8章

1）福田敏彦（2008）「日中広告文化の違い－最近の広告摩擦を機に考える」『国際日本学とは何か？日中文化の交差点』三和書籍 pp.59-74
2）李勤径（2010）〈中日广告语言运用的差异（日中広告ことばの運用の違い）〉《学语文（学語文）》pp.41-42
3）張帥（2017）「テレビ CM の広告表現から見る日中文化比較－広告が問題化する要因とは」明治大学『教養デザイン研究論集』第11号 pp.21-40
4）赵岚、靳卫卫（2012）〈中日广告的语言与文化（1）（日中広告の言語と文化）〉《东瀛文化》第11期 pp.35-36
5）赵岚、靳卫卫（2012）〈中日广告的语言与文化（2）（日中広告

の言語と文化)〉《日语知识》pp.34-35
6) 隅田孝(2019)「オノマトペを用いた 広告表現に関する研究」『四天王寺大学紀要』第 67 号 pp.295-314
7) 徐小安・清水由美子(2011)「日本と中国の公共広告研究－技法, 修辞, 効果に関する比較と分析－」『京都市大学環境情報学部情報メディアセンタージャーナル』第 12 号 pp.61 ～ 68
8) 北澤尚(2016)「広告キャッチコピーにおける破格の表現についての一考察」『東京学芸大学紀要』人文社会科学系 I, 67 pp.35-48
9) 大山顕(2018)「1000 作品以上集めてわかった「マンションポエム」に隠された "ワナ"」『文芸春秋オンライン』https://bunshun.jp/articles/-/10004(2023.3.3 参照)
10) 新井恭子(2007)「説得力とは何か－広告表現におけることばの効果」『経営論集』第 69 号 pp.171-183
11) 新井恭子(2008)「Poetic Effects(詩的効果)再考－広告表現を例にとって」『経営論集』第 72 号 pp.33-42
12) 例は、第一范文网 https://www.diyifanwen.com/w/loupanguanggaoci/ から(2023.3.3 参照)
13) 真田信治(2006)『社会言語学の展望』くろしお出版
14) 郭熙、祝晓宏(2016)〈语言生活研究十年(言語生活研究の十年)〉《语言战略研究》第 3 期 pp.24-33

第 9 章

1) "武汉病毒性肺炎疫情, 病原体初步判定(武漢のウイルス性肺炎についての初歩的判定)"《中国日报双语新闻》2020-01-09(China Daily Mobile)
https://mp.weixin.qq.com/s/vIZhZqwfcX8FNGq6VH5ddw(2023.3.3 参照)
2) 屈哨兵(2007)〈语言服务研究论纲(言語サービス研究のテーマ)〉《江漢大学学報》(人文科学版)第 26 巻, 第 6 期 pp.56-62
3) 李宇明、赵世举、赫琳赫(2020)〈"战疫语言服务团" 的实践与

思考（〈戦疫言語サービス団〉の実践と省察）〉《语言战略研究》5（3）pp.23-30
4）今村かほる方言研究チーム「医療・看護・福祉と方言」http://hougen-i.com/fp.php?code=introduction（2023.3.3 参照）
5）河原俊昭（2007）「外国人住民への言語サービスとは〈外国人住民との共生社会をめざして〉」『外国人住民への言語サービス』明石書店 pp.11-12
6）庵功雄・岩田一成他（2019）『〈やさしい日本語〉と多文化共生』ココ出版
7）NHK「NEWS WEB EASY やさしい日本語で書いたニュース」https://www3.nhk.or.jp/news/easy/k10012975961000/k10012975961000.html（2023.3.3 参照）
8）「チュウ太のやさしくなーれ」https://yasashii.overworks.jp/（2023.3.3 参照）
9）中华人民共和国教育部“《疫情防控“简明汉语”》正式上线发布（「コロナを防ぐためのやさしい中国語」が正式公開）”http://www.moe.gov.cn/s78/A19/A19_ztzl/ztzl_yywzfw/yingjifw/202003/t20200312_430166.html（2023.3.3 参照）
10）李宇明、施春宏、曹文、王莉宁、刘晓海、杨尔弘、颜伟（2022）〈“语言资源学理论与学科建设”大家谈（言語資源学理論と学科建設について語る）〉《语言教学与研究》（02）pp.1-16
11）欧阳国亮（2019）〈语言博物馆建设的若干方面（言語博物館建設に関するいくつかの問題）〉《西北民族大学报》第三期 pp.33-38

第 10 章

1）第 1 章、注 3）河崎深雪（2013、2017）、河崎みゆき（2023 刊行予定）に収録。
2）陈建民（1999）《中国语言和中国社会（中国の言語と中国社会）》广东教育出版社 pp.136-165

3）中国共和国人民政府“《二〇二〇年全国姓名报告》发布（《二〇二〇年全国姓名報告》公開）” http://www.gov.cn/xinwen/2021-02/08/content_5585906.htm（2023.3.3 参照）
4）起名网（ネーミングサイト）
犬：https://m.yw11.com/xiaomingdaquan/2014/1021/9224.html（2023.3.3 参照）
猫：https://www.yw11.com/html/qiming/qimingjihui/2016/0517/12901.html（2023.3.3 参照）
5）ペットの名前ランキング 2022（アイペット損害保険株式会社新規加入の犬・猫名前調査）https://www.ipet-ins.com/info/31114/（2023.3.3 参照）
6）河崎みゆき（2021）「中国夫婦別姓までの流れと家族内呼称」日本語ジェンダー学会学会誌委員会編『日本語ジェンダー』(19)、pp.36-38
7）“香港政商界已婚女士为何常“冠夫姓”（香港の政財界の既婚女性はなぜ「冠夫姓」？）” http://news.sina.com.cn/s/2018-05-30/doc-ihcffhsv6339847.shtml（2023.3.3 参照）
8）加藤美穂子（1994）『中国家族法の諸問題－現代化への道程』敬文社

第 11 章
1）陳原（1985）「新語の出現とその社会的意義」『応用言語学講座 3 社会言語学の探求』明治書院
2）北青网“2022“十大网络流行语”“十大网络热议”发布（2022年「十大インターネット流行語」「十大ホットーワード」発表”）https://baijiahao.baidu.com/s?id=1751725712012401732&wfr=spider&for=pc（2023.3.3 参照）
3）窪薗晴夫（2002）『新語はこうして作られる』岩波書店
4）苏琳（2018）《新时期汉语新词构造机制研究（新時代中国の新語の構成メカニズムに関する研究）》东北师范大学博士论文
5）原新梅、许杨（2022）《《现代汉语词典》第 1 ～ 7 版收录字母词的比较研究（『現代漢語詞典』第 1 版～ 7 版に収録された頭語

字の研究)〉《辽宁师范大学学报》(社会科学版)第 5 期 pp.97-104
6) 国家语言资源监测语网络媒体研究中心“年度汉语盘点 2006 年 ～ 2022 年(その年を表す漢字 2006 年 ～ 2022 年)” http://nlp.ccnu.edu.cn/conference/16(2023.3.3 参照)
7) 商务印书馆“汉语盘点 2022 年度字词揭晓!“稳”“党的二十大”“战”“俄乌冲突”当选(中国の今年の漢字 2022 の言葉が発表された!「穏」、「第 20 回党大会」、「戦」、「ロシア・ウクライナ紛争」が選出)”
https://mp.weixin.qq.com/s/kWIWU6yIjX63tBtmOvKI_A(2023.3.3 参照)

第 12 章

1) 第 1 章の注 3)河崎深雪(2013、2017)、河崎みゆき(2023 刊行予定)第 9 章
2) 张岩红(2014)《汉日对比语言学(中日対照言語学)》高等教育出版社
3) 真田信治(2006)『社会言語学の展望』くろしお出版
4) 周庆生(2016)〈序〉刘宝俊(2016)《社会语言学(社会語言学)》科学出版社
5) 彭国躍(2001)「中国の社会言語学とその関連領域」『社会言語科学』第 3 巻、第 2 号 pp.63-76

おわりに

2017年の夏に帰国して5年経ちました。圧倒されるスピードで変化していく中国。本書を書くにあたって、武漢の大学の同僚に武漢の様子を聞くと、地下鉄の開通や道路の増設で、渋滞も解消され、高層マンション群も、私がいたころよりもっと増え、高架道路が増え、大学の周りの景色も一変しているそうです。当時、地下鉄がなく渋滞したおかげで私は、タクシーの運転手さんとよく話しをしました。タクシー物語が書けそうなくらいです。上海でもそうでした。本書はそうした、中国の人たちとの交流や観察および研究がもとになっています。

コロナ禍で中国にも行けなくなり、そとから中国のことばの森について書こうすると、中国の政治的状況や情報管理の問題などで、情報へのアクセスが難しくなることもありました。中国にいた頃は本屋さんに行ったり、ネットで注文すればすぐ届いたり、中国の大学図書館で調べ、自由に論文をダウンロードできる環境でした。しかし帰国後は、難しくなり、それを補うためには、中国の友人たちのサポートが必要でした。送ってもらったすべての本や、資料をこの小さな新書に詰め込めたわけではありませんが、書くにあたっていろいろと新たなことを確認できたことは幸いです。

多くは華中科技大時代の共に学んだ博士の学友たち・教え子、社会言語学会などで知り合った研究者などです。

いまでもご縁があることを幸いに思うとともに、1人ひとりと共に過ごした時間や議論したことなどが思い出されます。

そして、もちろん恩師たちや、國學院大學大学院文学研究科「高度国語・日本語教育コース」の諸星美智直教授、本書を企画してくださった教養検定会議さんどゆみこ社長に、深く感謝申し上げたいと思います。

本書の元になった連載を書いていた2022年の11月中旬、日本の社会言語学者真田信治先生が亡くなられました。中国の社会言語学者徐大明先生と真田先生のお食事会での通訳をしたことがあり、その時のなごやかさと深いやりとりが思い出されます。本書の構成は真田先生のご著書のテーマ立てに倣った部分もあります。ここに、感謝申し上げるとともに、哀悼の意を表したいと思います。

中国の友人は、コロナ禍で外出禁止令が出て身動きが取れない中、本をネットで注文し、外出禁止が緩和されるとすぐに郵便局に行って送ってくれました。何冊もありましたが、費用を一切受け取りませんでした。親しい間柄で「すぐに清算」とお金を問題にしたくないという中国式人情・「面子」、つまり中国人の言語行動の表れでもあります。日本人には、「割り勘」とか、「清算」の方が習慣上さっぱりしていて楽ということもあります。中国滞在中、いくつかの日中交流のお手伝いをしました。中国側は空港へのお迎えや、豪華な宴席など無償提供してくれるのに対して、日本側からそうしたもてなしがないという不公平が起き、間に立つ者としては、はらはらしたことがたびたびあります。「借りたものは返す」これは原則です。ただ、すぐではなくてもよいだけです。

こうした一瞬、見えにくい言語行動や非言語行動などの差などもまだまだ集め紹介していく必要があると感じています。中国は広大ですから地域差の問題も含めて。

コロナの終息もやっと見えだし、世界の行き来も戻ってきました。海を渡って中国のことばの森を探検にでかけたいところです。中国は広く、時代も動いています。政治体制からも影響を受けます。変わるものと変わらないものとを社会言語学のテーマの枠の中で見てきていただけたらと思います。

私は、友人たちが本や資料を送ってくれた恩はひとまず返せるときまで「永く忘れない」ことにし、その日が来たら返したいと思います。

草木の芽吹く
2023 年 3 月　東京　河崎みゆき

著者紹介

河崎 みゆき（かわさきみゆき）

中国・華中科技大学で博士号取得（応用言語学）。國學院大學大学院非常勤講師。専門は日中対照言語研究および社会言語学。著書に『漢語“角色語言”研究』(北京、2017年商務印書館)、『中国語の役割語研究』(2023年刊行予定、ひつじ書房)、共著に包聯群編『現代中国における言語政策と言語継承（第7巻)』(2023年三元社)、訳書に李娟著『アルタイの片隅で』(2021年、インターブックス)、李娟著『冬牧場』(2021年、アストラハウス)。

中国のことばの森の中で
～武漢・上海・東京で考えた社会言語学～

2023年6月15日　第1刷発行

著　者――河崎みゆき

発行者――株式会社　教養検定会議　さんどゆみこ
〒156-0043　東京都世田谷区松原5-42-3
https://la-kentei.com/

印刷・製本――シナノ書籍印刷株式会社　　装丁――植木祥子

ISBN978-4-910292-07-6　C0287